论战争法

海国图志
····················
西南大学海国图志书院主办

论战争法

[意] 莱尼亚诺的乔瓦尼 著　黄家镇　译

上海三联书店

目 录

译　序

自人类社会存在以来，战争的阴影便从未消散，永久和平从来不曾降临这个俗世世界。鉴于战争这种"无法"状态的毁灭性，发现某种意义标准，将战争司法化，对其进行一定规制，控制其破坏力，便成为文明社会存续的必然要求。这一带有悖论性的要求古来有之，东西皆然。在东方世界，战争论述似乎未能发展成体系化的战争法权学说，而两希传统中的战争论述各自发轫，在历史长流中相互渗透、互学互鉴，最终汇集为战争法权理论的洪流，并在格劳修斯的时代达致巅峰。在这一传统之流中，中世纪意大利作家乔瓦尼的《论战争法》一书处于一个相当关键的身位。据说，这部1360年出版的著作乃是历史上首部系统阐发战争法权的专著，其上承希腊罗马经典与犹太-基督教教义中的战争论述，尤其是奥古斯丁、托马斯·阿奎那的撰述，将它们融会贯通并系统化，可谓集前代之大成；下启近世之战争法学说，奠立后世战争法写作的基本范式，最终由格劳修斯将这种写作范式发挥到极致。在《战争与和平法》第一卷中，格劳秀斯就明确提到乔瓦尼对战争、自卫与复仇这一系列关涉到神圣秩序稳定性的基本法权问题的论述是体系化的，并坦承自己从中受到颇多启发。

该书的作者莱尼亚诺的乔瓦尼（1320-1383年），又名莱尼亚诺的约内斯，英语世界将其称为莱尼亚诺的约翰，生于意大利米兰附近的小城莱尼亚诺。他在博洛尼亚大学获得罗马法教会法博士，后担任该校罗马法教会法教授，在当时有"第二个亚里士多德"的美誉。乔瓦尼在授课和写作的同时，也深深涉入当时的政治时局。他与两位罗马教皇乌尔班五世和格里高利十一世关系甚笃；在天主教分裂时期（1378至1417年）是教皇乌尔班六世最主要的支持者，是罗马教廷对抗阿维尼翁教廷的理论旗手。当时，乌尔班六世的当选沸反盈天，乔瓦尼为其进行辩护，在1378至1380年间写成文集《垂泪的教堂》，一时间洛阳纸贵。乌尔班六世甚至将其誊录并寄往阿维尼翁教廷的主要理论阵地巴黎大学，这一作品使得乔瓦尼名满天下。由于其对教会突出的贡献，乔瓦尼还在1368年被神圣罗马帝国皇帝查理四世任命为宫廷大臣，1377年被格里高利任命为教皇驻博洛尼亚的全权代表。此外，乔瓦尼的学生、米格里约拉提的柯西莫在他死后被选为教皇，即英诺森七世。可以说，乔瓦尼是当时政治生活的积极参与者，其作品深深地烙下了那个时代的烙印。

在书的开篇，作者将此书题献给"最神圣的红衣主教之一、教皇英诺森六世的右臂、博洛尼亚的教宗领主、萨比纳主教埃吉迪奥阁下"。此人全名埃吉迪奥·阿尔博诺茨，是西班牙的一位贵族，曾在西班牙与摩尔人作战，军事和政治能力极为突出。教皇英诺森六世（1352至1362年在位）继任之后，旋即任命埃吉迪奥为枢机特使，两次（1353-1357年、1358-1367年）将其派往意大利，拯救濒临全面崩溃的教廷国家，为教皇重返罗马做准备。埃吉迪奥先是从米兰的维斯孔蒂家族手中拿下博洛尼亚，打通伦巴第经托斯卡纳前往罗马的陆上通道，后又克服罗马，整顿罗马的社会与政治秩序，在1367年5月迎回教皇乌尔班五世，三个月后埃吉迪奥病逝于罗马。虽然之后教皇回归罗马之事多有反复，但已经势不可挡，长达七十年的阿维尼翁之囚导致的罗马和意大利虚空的局面有了结束的可能。其后三十年，虽然经历西部教会大分裂（1387至1417年），但教皇势力不仅强有力地恢复对原有教皇领地的统治,而且还将势力扩及整个意大利。因此,埃吉迪奥对当时教会政治是有突出贡献之人,对于博洛尼亚也有再造之功,乔瓦尼对此人的尊重是发自内心,题献作品并不全是攀附权贵的谄媚之举,而是因为乔瓦尼看到了教皇权威对于世俗和平的重要性,教皇不重归罗马、不重建对世俗的权威,意大利的和平无望,普世和平也是镜花水月。

因此,该书的序言以较长篇幅繁复地讲述了当时六起重大的世俗事件的星象原因,揭示俗世事件与天界运动之间的对应性关联,表明天界运动对俗世事件的决定性意义。这也亮明了作者的写作思路,即在神法的框架下构建战争的法权体系,以神法为统帅,整合自然法、罗马法和地方习惯法的战争法理论,在实践中则以教皇和教会为超越世俗诸国或政权之上的裁判者。紧接着,作者指出:因人类欲望之间的不和谐引发冲突,为了消除这种冲突并使之重新回归和谐状态的"争斗"就是战争。在作者看来,每一类事物都可以追溯其源头找到一件原初之物,作为同类事物衡量的标准。那么就战争而言,我们或许也可以找到它的源头。原初之物就是开端。善之开端为至高者,而恶之开端和典型代表便是魔鬼。路西法被至高者驱逐出天堂的那场精神性战争便是所有人类精神冲突的源头与衡量标准。按照这种观念,神法对位于精神之下的肉体性战争具有权威性,所有下界的战争法则都不能违背神法的战争法则。同时,作者认为,从自然哲学的角度来看,这个世界必然与更高处的运动相联系,这样,所有美德才能皆从彼处而来。因此说,所有下界人类肉体行为皆由上界天体行为主导。依照自然哲学家的学说,天不可能禁止不动;相反,它处于永恒的运动中。天体通过其自身的特性对人类产生反作用。因此,天界之战是双重性的。首先,它是造物者对抗路西法之战,源于路西法因缺少慈悲之心而变得骄傲,把自己从天堂宝座上拖下来,降落至地球中心。这场战争旋起旋灭,极为短暂。但意义是非常明显的,即为了达致神圣的永久和平,暴力在神圣秩序中被允许,而且更应被视为正当:神圣性证成了暴力,惩罚性的战争得到了神的认可。其次,它是众天体之运行与星位的实质性对立,引发下界实体——人类的正式对立,并由此引发下界的人类战争。这种战争持续发生,接连不断。

但是,仅仅揭示战争的神圣起源是不够的。在当时,神圣罗马帝国帝权不张,在意大利催生众多诸多城邦政治体,法国、西班牙等新兴的王国也纷纷染指意大利。原来适合于统一基督教帝国的、以基督教自然法理论为底色的战争学说,在这种无政府状态为祸甚烈的局面中,几乎无用武之地。法学家们不得不转向自然法以及当时方兴未艾的罗马法去寻找应对新局面的出路。乔瓦尼认为,肉体战争有其自然法的起源,"自然的第一原则在所有被造的自然实体中植入了自然的倾向:排除与自己的自然倾向相悖的实体","自然在一切被造物中植入了猎杀一切反对它的自然倾向"。而万民法只不过在表面增加了一层理性律令对自然本性的制约,以节制战争的自然状态。战争的正义性就被非常巧妙地在神法、自然法与万民法三个层面得到辩护。不过,战争法权的三个层次并不是完全同位阶的。在其后涉及战争的具体问题的讨论时,作者总是遵循神法→自然法→万民法(罗马法)这种论证的次序,表明三种法源的统合是在神法的框架之下进行的。在涉及宣战权、义务参战者、战法、战争中的俘虏和战利品等等问题时,都是首先从神法开始,然后才考虑自然法和万民法。这种战争的三重法理辩护范式后来被格劳秀斯全部沿用。

在普遍性战争之外,乔瓦尼将"报复"列为特殊性的肉体战争,个人为保护自己身体的一部分以及有关的东西而发动的战争,以及教会为保护基督的神秘身体或其一部分发动的战争,都属于这种特殊性战争。作者认为,在创世之初,神统治万物,惩罚不服从者,亲自主持正义,因此不需要报复。同样,在基督教罗马帝国早期,教皇和皇帝的绝对权威在法律上和事实上得到遵从的时候,也没有出现报复的条件。只有当帝国开始式微,教权与皇权开始崩溃,没有人认可更高的裁判权威之际,"报复"这种本质上属于私斗范畴的东西就应运而生了。与作为一种神圣战争的"惩罚"相比,"报复"是一种不折不扣的私力救济行为,当人们意识到神圣正义缓不济急或无处可寻时,就不得不自行保卫自己。因此,"报复"是在万国林立时代对惩罚性战争的补充甚至替代。这表明"报复"全然基于一种必然性,其正义性也来自这一必然性。在探究了"报复"的起源问题后,作者花了大量笔墨论证报复的"正当理由",这些理由在正当化报复的同时,也构成对报复的节制力量。而对于另一种特殊战争:决斗,作者的态度基本上是否定的,他明确指出教会法、市民法和大多数涵义上的自然法都是禁止决斗的。只有宣誓断案的决斗在日耳曼习惯法中有所规定,如《弗雷德里克法典》中的"维护和平与破坏和平的法"以及"伦巴第法"。神法和自然法的缺席本身就使得习惯法源缺少足够的正当性支持,因此,决斗的规则本身也不过是应对现实存在的权宜之计,长远看,这种战争形式是应当被禁绝的。在神法-自然法的框架下,决斗是没有位置的。

纵观全书,作者融合神法、自然法和万民法三种智识资源对战争的正义性问题进行辩证,论证采用经典的三段论形式进行推导,逻辑严密,旁征博引,古代异教、希伯来-基督教经典、封建习惯法以及罗马国法大全中的经典论据经常信手拈来,挥洒自如。在神光沐浴之下,乔瓦尼构造出一个融合了神法、自然法、万民法的普世的战争法体系。这一普世体系仰赖上帝的最终裁断者地位,开辟世界性战争与和平立法的路径,堪为古典视野的绝唱。后世的贞提利及其后继者放弃神学的普世视野,试图从纯理性和世俗的角度为战争立法,这一努力至康德的《永久和平论》达到顶峰。但这一理论努力在民族国家框架下如何达致世界和平这一根本问题上费尽周折而未竟全功:以自利为内在动力机制的近代自然权利理论和现代国家主权框架很难化出普世性的世界和平秩序。古典框架揭橥的普世性世界和平所依赖的最高仲裁者问题是现代国际法无法妥善解决的。而乔瓦尼在神法框架下收束自然法却显得得心应手。他的自然法,绝非罗马和中世纪自然法观念的简单因袭,而是具有极强的现代气息。他认为自然在人性中植入了猎杀与其本性格格不入者的自然倾向,战争导源于这种自然倾向,即其具有"自然的正当"。后世那种源于自我保存本能的自然权利观念在这里已经呼之欲出。而乔瓦尼的自然法理论所包含的这种自利成分与普世神法体系圆融一体,并无扞格不入之处。这种反差折射出现代自然权利理论的道成肉身或许依赖着某种隐而不彰的神义背景。但从 1500 年开始,由于欧洲民族国家的勃兴,罗马普通法的私法面向逐渐被诸民族国家的法律体系继受,成为法典编撰的法律素材,而其公法面向则蜕变为现代早期的万国法,最终演化为现代国际法。在这一过程中,世界逐渐祛魅,神法开始退隐,以教皇为最高裁判者、以神法为最高规则裁断国与国之间的纷争及战争问题事实上已经变得不再可能。

不过,乔瓦尼确立的战争法论证框架、阐发的战争法权体系在格劳秀斯的手中被发扬光大,一直发挥着重大的影响。直至实证主义时代之前,人们在政治和法律领域都承认,在民族国家之间存在着一种为民族国家所共享且必须遵守的法律形态——万国法,民族国家并非其制定者,而只是发现者,国际的战争与和平问题都应当在这一框架下来解决。在实证主义时代,观念为之一变,认为民族国家自身乃是法律的制定者,而非法律的发现者,国与国之间的法律乃是民族国家之间共同订立、共同遵守、共同维护的规则,即现代意义上的民族国家之间的法律——国际法。可以说,万国法预示着世俗秩序在其奠基的时代仍然保留了古典战争法所处的那个神圣世界意象的最后一抹光辉,而在现代国际法成为民族国家间的法律主导形态之后,那个世界意象则最终消失殆尽。

在西方,乔瓦尼的这本书一直只有拉丁文本,直到1917年,在华盛顿卡耐基和平基金会资助下,托马斯·厄尔斯金·霍兰德将其编辑并翻译为英文,收录在詹姆斯·布朗·司各特主编的"国际法经典丛书"之中。本书的翻译即以这个英译本为基础。本书的翻译过程得到西南大学海国图志书院以及战争法读书会一众友人的支持与帮助,在此表示衷心感谢。限于水平,翻译难免多有错讹,请各位批评指正。

导　言

　　"以色列王就易装披甲，投身战争"[1]。以色列是上帝的宝座，正如《耶利米书》第3章说："人必称以色列为耶和华的宝座"。这是神圣罗马教会的宝贵教产，畿辅之地为耶路撒冷，而仁爱之城博洛尼亚，确乎可被称作耶路撒冷。她能够昭示一切可知事物的真理，尤其是法律的真理。关于耶路撒冷，《撒迦利亚书》第8章中写到："耶路撒冷必称为诚实的城"。她"秀美如耶路撒冷"[2]。关于她，先知曾在《西番雅书》第1章中提到："我必用灯巡查耶路撒冷"；《使徒行传》第5章中写道："你们倒把你们的道理充满了耶路撒冷。"还是关于她，《启示录》第21章也说："我看见了圣城，耶路撒冷"。在同一章又说："他将那由神那里从天而降的圣城耶路撒冷指示给我"。博洛尼亚，也可作如是说。的确，她从天而降，此后她便为真理之源泉，法律之源泉，这些法律确由大主教们亲口颁布[3]，乃是终极之法。关于她，《希伯来书》第12章记述，使徒曾对希伯来人说："她是神的城邑，就是天上的耶路撒冷"。《加拉太书》第4章中，同一名使徒又说道："但那在上的耶路撒冷是自主的"。关于她，《历代志下》第6章如是写道："我已选择耶路撒冷为我名的居所"。

　　然而，在至高者的应许与众天体安排之下，与耶路撒冷一样，博洛尼亚这座城市已然面目全非，彻底败坏。因城里百姓犯下的无数罪过和他们相互之间的仇恨，至高者早已威胁要将这座城市彻底毁灭，如

《列王记下》第21章记载："我必擦净耶路撒冷，似人擦盘一般"。关于百姓的阴谋，《历代记下》第25章记载："阴谋降临耶路撒冷"。[4]正是由于百姓的骄傲，上帝透过使徒之口发出威胁："我必挫败犹大的傲气和耶路撒冷的狂傲"[5]。正由于他们的骄傲，使徒也威胁"必让耶路撒冷变成沙堆"。同样因为这种骄傲，使徒在另一处也威胁"必使耶路撒冷变成石堆"[6]。还是因为这种骄傲，某位使徒还曾诅咒耶路撒冷的百姓，说："使养育你们的耶路撒冷悲伤"[7]。正是因为其百姓的骄傲和越轨的行为，耶路撒冷才被巴比伦王率领的军队包围（《耶利米书》第22章）。也因为此，如《以西结书》第5章记载，"耶路撒冷被各国包围"，即被敌人包围。作为惩罚，如《耶利米哀歌》第1章记载"耶路撒冷已变成不洁之物"。

因此，把博洛尼亚这座仁爱的城市称为耶路撒冷，称为王座之源和神圣罗马教会的宝贵教产，完全名副其实。但实际上，统治管理这座城市的王是最受尊崇的神父与教宗领主、圣洁慈爱的萨比纳主教埃吉迪奥阁下。他易装披甲，投身战争。作为最神圣的红衣主教之一，作为英诺森六世教皇的右臂，他受命收复耶路撒冷，这份已完全丢失的教产。为了收复耶路撒冷，他换了衣装，放弃了主教之位的安宁，如最为气定神闲的王者，投身百战之中。在他之前，耶路撒冷本没有王。据《士师记》第21章记载，"那时没有王"。于是，上帝对埃吉迪奥阁下说："我命你统治上帝的子民"[8]。埃吉迪奥阁下自己则可能以此回应："上帝立我为王"[9]。"上帝立我为以色列王"[10]。"王走下上帝的宝座"[11]。然后他投身战争，战功卓著。他智力超群，英勇无畏，他让神圣罗马教会曾被暴力篡夺的所有权利失而复得，从黑暗走向光明。可以说，他从无中生出了有[12]。所以，他确实像以色列王一样，改换了衣装，投身于战争。

故而，因以色列王之故，以色列归属教产，而博洛尼亚则实为教产之首，而且，如上所述，这座城市被从一个极端推向了另一个极端。是故，以色列王易装披甲，投身战争。而且战争延宕至今，仍悬而未决，故对其完全保持缄默，似有不妥。

因此我，米兰的吉奥瓦尼·达·莱尼亚诺，年资最浅的教会法与民法博士，创作论著一部，论述与耶路撒冷，即博洛尼亚以及您改换衣装后所投身的战争相关的问题，呈于最受尊崇的基督神父、圣洁慈爱的意大利萨比纳主教，神圣罗马教会的副主教，我的大人埃吉迪奥阁下。以下我将首先论述与博洛尼亚密切相关的、自公元 1350 年至 1360 年间发生的六个事件，并着重讨论这些事件发生当天午时所出现的种种与季节相关的征兆和与年份相关的星位，但与小时相关的星位不在讨论之列。加入这些讨论是为了在某些地方通过法律之外的知识解释将会发生的偶然事件。每个事件被单独成文，也可能视具体情况，以多篇文字详述一事。有些论著可能一笔带过，有些可能会详加解释。此次，我只发表其中一篇关于战争的论著。我保证，当禁止事由终止，如果阁下愿意，我将选择适当时机详述并发表其他文章。恳请最受尊崇的大主教能屈尊海涵我浅薄的智慧，笑纳这段拙劣的前言——正如某异教大智者所说的"绵薄之礼"等，随时给予批评指正。接下来，言归正传。我将从星象开始分析这些事件的原因。

事件一

当天国大门钥匙的掌管人木星，即第六代仁爱的化身[13]坐在渔夫的座位上时，火星[14]受命速速趋近，并能自由进入金牛座内绿草满地鲜花盛开的牧场[15]。这一天是公元 1350 年 7 月 8 日。太阳身在巨蟹座内，星位在 23°32′；月亮比邻狮子座，星位在 28°21′；天龙座首部位于双子座内，星位在 26°9′；土星在白羊座内，星位在 26°32′；木星与巨蟹座比邻，星位在 28°51′；火星位于天秤座内，星位在 11°18′；金星逐渐退回巨蟹座内,星位在 29°20′;水星位于巨蟹座内,紧随金星之后,星位在 9°10′。土星之子中体格最高大的一个[16]顶戴一圈由木星[17]而来的圆环[18],圆环内毒蛇遍布,其中三条大蛇[19]从其身侧蹿出,自北而下,绕经水星[20],与火星一道进入牧场,随后被选为金牛座内永久的牧人,即被选为主教。这一天是公元 1350 年 10 月 24 日。太阳……;月亮位于 9°50′,巨蟹座内;土星位于白羊座内,星位在 22°19′;木星位于狮子座内,星位在 18°13′;火星位于人马座内,星位在 23°32′;金星位于处女座内,星位在 25°20′;水星位于天秤座内,星位在 21°25′;天龙座首部位于双子座内,星位在 20°19′;其尾部……

时间流逝,在仁爱[21]的木星以及土星之子从它处得来的圆环[22]的作用之下,土星之子在草坪上接纳[23]了木星,言语寒暄,并正式承认他是牧人之首。这一天是公元 1352 年 9 月 7 日。太阳位于处女座内,星位在 23°10′;月亮位于处女座内,星位在 2°30′;天龙座首部位于金牛座之中,星位在 14°17′;土星位于金牛座内,星位在 24°27′;木星位于处女座内,星位在 29°17′;火星位于人马座内,星位在 6°20′;金星位于处女座内,星位在 2°8′;水星位于天秤座内,星位在 27°……

现在,可以看到,在短短的时间之内,金牛结下了一段三角婚姻,况且其发妻尚在,对于自己这种不为法律所容的朝三暮四的行为,他竟毫不羞愧。在这里,或可以引用《以赛亚书》第 1 章中的这段话来描述此情状。"可叹!忠信的城竟沦为妓女。从前,这里充满了公平,公义居于其中,现今却有凶手居住。你的银子变为渣滓,酒也以水掺兑。你的官长居心悖逆,与盗贼为伍。各都喜爱贿赂,追求赃私。他们不为孤儿申冤,寡妇的案件也不得呈到他们面前。因此,主万军之耶和华、以色列的大能者说:'哎!我要向我的对头雪恨,向我的敌人报仇。我必反手加之于你身上,炼尽你的渣滓,除净你的杂质。我也必复还你的审判官,像起初一样;复还你的谋士,像起初一般。然后,你必称为公义之城，忠信之邑。'"随后，这一切真的都发生了。如今，因为你——金牛的缘故，这一切也将发生。等到半圆变为三等分时，和平将降临，同时天上也会星移斗转。年老之人会起身反抗，但品行邪恶的年轻人会让这一切成为现实。

关于这个事件，我一共著有三篇论文，一篇关于金星，也就是关于战争，即我现在公开发表的这一篇。另一篇有关木星，也就是关于教会及牧师对教会的管理。通过分析以上提到的各种星位，分析令教会繁盛及遭厄的事由，尤其是与目前此教产相关的问题。最后一篇有关土星，也就是关于帝国及其目前的统治现状，分析令其繁盛及遭厄的事由，尤其是与意大利教会和世俗统治相关的问题，尽管在某些方面，这些问题超出了法律的范围。目前，我并未发表后两篇文章。如前所述，一切等到相关的紧迫事由终止之后再说。

事件二

在此之后，当土星之子被火焰吞噬[24]之时，上文所提到的三条毒蛇[25]已被高高举起。每条蛇心脏中央都有土星之鹰[26]。他们把王冠从土星之子的头上卸下[27]，后来一道被牧场接纳为牧人[28]。这一天是公元 1354 年 10 月 11 日。其时，太阳位于天秤座内，星位在 $26°22'$；月亮……位于狮子座内，星位在 $16°45'$；天龙座藏其头部于白羊座内，星位在 $3°58'$；土星位于双子座内，星位在 $23°24'$；火星位于摩羯座内，星位在 $25°4'$；金星在天蝎座内放肆玩闹，星位在 $16°14'$；水星位于天蝎座内，星位在 $11°46'$；天龙座藏其首部于金牛座内，星位在 $3°59'$。

一段时间过后，大家决定以抽签方式择选被火焰吞噬的大主教的继承人[29]。最后，三条毒蛇中最年长的一条[30]被送入牧场。此处我不作评论，因为我认为这一天象对随后发生的事不重要。在此之后，水星[31]担心自己被毒蛇们彻底吞灭，于是被收入牧场成为牧人。现在看看,在这么短的时间内,四处游荡的金牛是如何厚颜无耻地又结下了另一段三角婚姻。你无比放肆地在多个姹妇之间纵情淫乐,由此所犯下的罪过已经无法通过赎罪来弥补。于是如《创世记》第19章中所记载的一样,耶和华将硫磺与火,从天上耶和华那里降于你,把你,把整个地方和城里的居民,把地面上的所有植物全都毁灭。如果一条直线本应折成半圆,那么被弯曲的地方就应该扳直。这一天是1355年4月17日。太阳位于金牛座内,星位在5°7′;月亮位于双子座内,星位在28°31′;天龙座首部位于双鱼座内,星位在23°49′;土星位于双子座内,星位在20°17′;木星位于人马座内,星位在22°15′;火星位于双子座内,星位在5°21′;金星位于金牛座内,星位在27°19′;水星位于白羊座内,星位在11°22′。

在针对这一事件所著的论文中,我主要讨论罗马帝国在世界范围内所建立起来的世俗统治,讨论该统治的起源、类别、划分、继承、管理模式以及保有;试图从法律之外的角度剖析世界范围内不论地位高低的各个政府,剖析世界各国政府如何随各地气候差异而有所不同,共处同一气候条件下的政府又如何随天体的运作和星象的差异而变,有时候是专制政体,有时候是民主政体,有时候又是私人公国。为了能够最为详尽地讨论这些话题,论文采用的是一般性的大众语言。

事件三

在此之后,那条最老的毒蛇消失不见了[32]。水星[33]接纳第二条蛇[34]进入牧场。这一天是公元1355年9月27日。太阳与山羊座一起大幅移动,星位在14°46′;月亮被天蝎座咬住,星位在23°31′;天龙座首部位于双鱼座内,星位在10°19′;土星紧挨巨蟹座,星位在2°45′;木星与山羊座擦肩而过,星位在7°33′;火星被天蝎座咬住,星位在21°41′;金星紧挨山羊座,星位在1°53′;水星在山羊座上方,星位在

18°55′,金星紧随其后。这时再看看,不知羞耻的金牛竟又开始了一段新的姻缘。没过多久,其配偶便收到了一纸休书[35]。O 旋转至 A,然后与水星一道返程[36]。这一天是公元 1356 年 2 月 11 日。其时,太阳位于双鱼座内,星位在 7°57′;月亮位于双子座内,星位在 17°56′;天龙座首部被白羊座团团围住,星位在 8°9′;土星正撒出巨蟹座,星位在 0°44′;木星与山羊座一起大幅移动,星位在 16°⋯⋯;火星怀抱射手之箭,星位在 18°64′;金星正在喷洒水瓶之水,星位在 24°58′;水星位于白羊座内,星位在 0°38′。金牛⋯⋯同时拥有两个配偶的行为⋯⋯实在可耻。他应该忍耐两个人在一起的生活,而不该浪荡在众多不法的苟合对象之间。然而,既然事实已定,对于你这种行为,上帝将如书中所述,对你做出以下惩罚:耶和华要从远方地极带一国的民,如鹰飞来攻击你。这民的言语,你不懂得;这民的面貌凶恶,不会恤年老的,也不会恩待年少的。他们必食你的牲畜所产下的和你土地所产的,直到你灭亡;你的五谷、新酒和油,以及牛犊、羊羔,都不给你留下。这段话纪录在《申命记》第 28 章中,是上帝对不顺从的民众所下的诅咒。当从四个人减少到三个人,为你所准备的惩罚也应该有所变动。

针对这一事件,我将讨论对世俗统治的同意和认可,剖析因统治的类型不同而导致的同意和认可方式的差异,以及作出同意和认可之决定的主体。

事件四

随后,由于水星与金牛的婚姻仍在持续[37],在天国大门钥匙的掌管人木星,即第六任纯洁的化身的统治期间,金牛座内牧场上的鲜花和绿草凋零殆尽[38]。这一天是公元 1357 年 4 月 12 日。其时,太阳在金牛座内闲逛,星位在 0°46′;月亮在倾倒水瓶之水,星位在 5°29′;天龙座藏起头部于水浪之下,星位在 $3°38'$;土星紧挨巨蟹座,星位在 $15°16'$;木星在水瓶之水中畅游,星位在 $26°23'$;火星位于双子座内,星位在 $15°14'$;金星在与白羊座嬉戏,星位在 $21°20'$;水星紧挨金牛座,星位在 $11°32'$。不知羞耻的金牛啊!这是对你之前那个仓促的离婚决定所做出的惩罚。在你们婚姻期间,她增加了你的财富,让你的牛角保持锋利长达四年之久,还助你攀上权力巅峰,掌控从北部到最高点之间的地域。然而,气急败坏的你竟休了她,结果是自食其果,摔碎犄角。金牛啊!鉴于你如此心高气傲,耶和华便对你说:"因为你居心自比神,我必使外邦人,就是列国中强暴之临到你这里;他们必拔刀砍坏你用智慧得来的美物,亵渎你的荣光。他们必使你下到坑中,你必被杀害,死在海中。在杀你的人面前,你还是能说:'我是神'吗?其实你在杀你的人手里,不过是人,并不是神"。此段记载于《以西结书》第28章。如果约伯确被金牛的牛角所救,那么位于正中央的物体将转移至球体凹面。

就这一事件所著的论文中,我主要讨论教会惩罚的问题。此外,已单独撰文讨论各类具体的教会惩罚。

事件五

在此之后,当水星[39]再次进入金牛座的牧场悠闲吃草时,第二条毒蛇[40],先前被土星纳为养子[41],匆忙催逼火星火速进入金牛座的牧场[42]……最后,在水星[43]的筹划之下,木星最高大的兄长[44]从他那里获得了教皇的同意,从土星那里获得了皇室的支持,从火星那里获得了军队的拥护——作为教会的"枢机"之首,火星[45]出类拔萃,行动神速、先发制人——并最终获得许可,进入了牧场[46]。所以至此为止,事件一的循环已经完毕。……(此后省去23行不知所云的内容)我看见天上两位最重要的谋士即将会面,举办隆重会议。会址是一处潮湿有毒的地方。在那里，他们将讨论下界的动荡，……世界统治方式的变更，教会所处的险境以及瘟疫和饥荒。他们将讨论海洋的震荡，讨论如何推翻俗界现时的王者，如何化解一场正在生成中的狂暴的骚动。然而同时，聚在房间前面另一角落的三位地位稍低的谋士也在商谈。他们所争论和达成共识的很多问题都与凡世的命运相关。这些会议将在公元 1365 年 10 月召开。金牛啊！你应该准备好你的牛角，因为你那明亮的畜棚即将被黑暗笼罩。这一点，你无法置之不理。这一切将于公元 1361 年 5 月 5 日来临。对于各个星体通过多种会议郑重商榷的这些事情，我已在论文中谈及。在众星体通过运行轨迹所制造的各类事件中，有一件事值得注意。那就是金牛的又一段姻缘。随着多年的运行，在他驱逐 "O."[47] 并转道的当天，他接纳了 "S."[48]，从而开启一段新的路程。

　　金牛啊！你沿着多种轨迹运行，尽管运动注定最终归于静止。然而，在你看来，运动应当终结于运动，而且通常更甚于此。于你而言，运动的终结即运动的开始。于你而言，静止即运动。如今，与重新迎娶前妻、回到你所扭身离去之地的异教徒加图一样，你有望结束动荡不安的局面。但你仍旧需要继续移动，直到至高者满意，准许你以稳定的规律运行为止。木星的兄弟于公元 1360 年 4 月 1 日全身而入。当天，太阳与白羊座毗邻，星位在 $19°24'$；月亮位于天秤座内，星位在 $11°21'$；天龙座首部位于人马座内，星位在 $17°36'$；土星……与狮子座毗邻，星位在 $25°8'$；木星与金牛座毗邻，星位在 $21°18'$；火星位于双鱼座内，星位在 $6°23'$；金星在火星前方，星位在 $10°52'$，与火星同在双鱼座内；水星白羊座内，星位在 $16°10'$。

　　针对这一事件，我将另增对和平协议的讨论，即应在何时签订和平协议。另外，我将单独撰文讨论和平这一话题。

注释

1. I Kings, ch. xxii.

2. Song of Solomon, ch. vi.

3. dist. viii, *quo iure*; *C. De longi temporis praescriptone.*

4. 该章末尾说:"他们在耶路撒冷密谋反叛他。"

5. Jeremiah, ch. xiii.

6. Micah, ch. i.

7. Baruch, ch. iv.

8. Judges, ch. ix.

9. I Chronicles, ch. xxviii.

10. I Chronicles, ch. xii.

11. Jonah, ch. iii.

12. Genesis, ch. i; and De rei uxoriae actione, the single law, at the beginning.

13. 指代教皇克雷芒六世的统治。

14. 指代代表教会出战的罗马涅伯爵所统领的军队。

15. 指代博洛尼亚。

16. 指代米兰大主教。

17. 指代教皇。

18. 指代教士的尊严。

19. 指代米兰大主教三个侄子:马泰奥、贝尔纳博和加莱阿佐。

20. 指代乔瓦尼·达·佩波利。

21. 指代教皇克雷芒。

22. 指代教士的尊严。

23. 即大主教认同教皇的最高地位。

24. 指大主教去世。

25. 指代他的三个侄子。

26. 即帝鹰。

27. 即继承大主教之位。

28. 即担任博洛尼亚的主教。

29. 大主教的统治权被瓜分。

30. 指马泰奥阁下。

31. 指奥莱吉奥地区的贵族乔瓦尼害怕死亡。

32. 指马泰奥阁下去世。

33. 即奥莱吉奥的乔瓦尼。

34. 指贝尔纳博阁下。

35. 贝尔纳博阁下被赶出局。

36. 奥莱吉奥的乔瓦尼阁下重新独揽大权。

37. 即奥莱吉奥的乔瓦尼阁下在位期间。

38. 当时博洛尼亚城颁布了一条禁令,禁止礼拜活动和神学研究。

39. 即奥莱吉奥的乔瓦尼阁下。

40. 指贝尔纳博阁下。

41. 即被任命为帝国领教区牧师。

42. 即指派遣大军攻取城池。

43. 即奥莱吉奥的乔瓦尼阁下。

44. 即埃吉迪奥·阿尔博诺兹,罗马教皇的使节。

45. 即贝尔纳博阁下的军队。

46. 即被选为博洛尼亚大主教。

47. 即奥斯提亚的使节。

48. 即萨比纳的使节。

第一章 论 战 争

本文行文顺序如下：

首先，我将对人类战争作简要概述，谈及文中将重点论述的几种战争形式。

其次，我将对战争进行分类。

最后，我将对不同种类的战争进行单独论述。

第 1 节 战争为何？如何描述战争？

战争可被定义如下：其乃是因人类欲望之间的冲突而引发的争斗，旨在消除此种差异与冲突。

我所说的"争斗"，我认为是一个属概念，既包括战争性争斗，也包括其他争斗。[1]"因……之冲突"是指争斗之起因。"人类欲望的（冲突）"把战争与动物搏斗区分开来。"消除冲突"等是指战争的终极目的。战争最终是为了消除引发战争的不愉快因素，因此战争的目的是和平。[2]

第 2 节 战争的种类，以及如何分类

其次，战争无非精神性战争和身体性战争两类。

精神性战争又分为天界精神之战和人类精神之战。天界精神之战在《约伯记》第 24 章中有所论及。人类精神之战在《罗马书》第 7 章

有所论及：“我觉得肢体中另有个律与我心中的律交战。”[3]

身体性战争分为普遍性战争与特殊性战争。普遍的战争参见〈论囚犯〉。[4]

特殊性战争可以是为保护人身和财产所发动的战争，参见〈论正义与法律〉[5]、〈关于阿奎利亚法〉[6]以及〈论杀人〉中“有关精神病人的讨论”。

特殊性战争也可以是因为司法权瑕疵，为保护某个神秘组织或该组织的某组成部分而发动的战争。这类战争称为“报复性战争”。[7]

特殊性战争也可能因某人拒绝法官的司法管辖权而起。[8]

特殊性战争还可能为“宣誓断案”而发动，这类战争称为“决斗”。[9]

当然，战争的首要分类便是合法之战与非法之战，但这一点无须赘述。以上的几类战争将在下文依次论述。

首先是天界精神之战，笔者只对其进行简要介绍。其他各类亦如是。

论文结构

我将首先论述天界精神之战。

其次人类精神之战。

再是普遍的身体性战争。

再是为保护个人身体而发动的特殊性战争。

再是为保护神秘组织而发动的特殊性战争，即“报复性战争”。

最后是为“宣誓断案”而发动的特殊性战争，即“决斗”。

第 3 节　天界精神之战

现在渐次回到这些主题。我认为，造物者当初铭刻于某位智者——所造之物中智力最高的一位——心中的仁慈有所残缺，导致了忘恩负义之举，天神之战由此爆发。这一说法与以上对战争所做的定义有所不合。但我们必须要知道,正如格里高利(一世)在《道德论集》中提到,至高的造物者在创造天使之初,曾特意把路西法创造成所有天使中最优秀的一位。他的优异绝不亚于上帝的花园中种植的那些雪松。《以西结书》第 31 章中记载:"冷杉和梧桐不及他粗壮,树的枝干也不及他的躯干",他"因枝条繁多而显得秀美"……他是耶和华按照自己的形象创造出来的。因此,造物者使他比其他天使都更尊贵,使他的心胸更加宽广,以便生发仁爱之心。因此,从一开始,上帝便赋予了他仁爱的能力,他只要愿意,便可慈悲满怀……然而,因为骄傲,他抛弃了仁爱。如果他能够证明自己可以被仁爱之光感染,那么他仍然可以与众天使共处一地,仍是王冠上的一粒珠宝。他的心胸足够宽广,然而,因为骄傲这一罪恶,仁爱之慈光无法抵达那片宽广之地。

所以说,虽然他比其他天使都更尊贵,虽然他是耶和华按照自身形象所造,但他因为骄傲这一罪恶无法心怀仁爱。最后,他犯下罪恶,随之被处以严厉的惩罚,没有得到赦免,因为他曾被创造得无与伦比的优异。他被逐出天堂。有经典[10]曾对此有过长篇论述。文章出于格里高利之手,这在上文已经提及。考虑到本篇主要论述天界精神之战,对此我就不多费唇舌。如我之前所说,路西法比其他天使都更尊贵。但我们要注意,造于耶和华之手的众天使生而具备一些品质。有一些品质虽然众天使都具备,但程度不一;有一些则程度差不多。程度不一的品质包括自然或实体之精妙,头脑之清晰以及自由意志之能力。之所以说这些品质程度不一,因为他们当中有些人由更为精妙的物质所造,有些人的头脑比其他人更为清楚,有些人的意志更为自由。至于程度相同的品质,它包括灵性、不可溶性、不可分性以及不灭性;在这些方面,众天使是平等的。基于此,你应该可以了解路西法在哪些方面比其他天使更为尊贵,也就是说,他是在那些众天使都具备但程度不一的品质上比其他天使更为尊贵。

　　我们还必须注意,魔鬼因特权而自高,也是因为他在与反抗耶和华之人的作战中取得胜利。《旧约·诗篇》中写道:"你举起了他们用来压迫他的右手。"大卫为这种胜利感到担忧,曾说:"应允我眼目光明,以免我沉睡至死;以免我的仇敌说:'我胜了他'"。他也自高,因为自傲。耶和华对他说:"你因美丽心中高傲。"他自己说:"我要升到天上,在北方坐上我的宝座;我要如至高者一般。"[11]

第 4 节　天界精神之战何以成为人类精神之战的界标与尺度

　　于是,这便是路西法被至高者驱逐出天堂的那场精神性战争。或许,它就是人类精神性战争的源头。每一类事物都可以追溯其源头找到一件原初之物,而且是同类事物衡量标准的东西。那么就善恶之战,我们或许也可以找到它的源头。原初之物就是开端。善之开端为至高者,而恶之开端和典型代表便是魔鬼。他们之间的冲突便是所有人类精神冲突的源头与衡量标准。

第 5 节　天界精神之战对人类战争的自然影响

　　若可以从自然哲学的角度来看,可以说人类身体之战有着与之相对应的天体之战。正如哲学家亚里士多德在《形而上学》第 1 卷与《论天体》第 2 卷中所说,这个世界必然与更高处的运动相联系,这样,所有美德才能皆从彼处而来。因此说,所有下界人类身体行为皆由上界天体行为主导。上界天体行为因天体——尤其是行星,行星的影响力比恒星的影响力更为宽广——的多样,以及天体星位、方位和运行轨迹的多样而产生冲突,即实质性对立。如果我们观察这些冲突,或许就能够明白这个世界不可能没有战争。按照自然哲学家和占星师的学说,或许"没有战争而只有和平的世界无法存续"这种说法也不无道理。以下为具体论述。

第6节 为何神学家和自然哲学家认为有假设战争存在的必要?

若某一结果的充分必要原因成立,该结果必定成立。既然战争的充分必要原因成立,那么战争本身也必定成立。由此大前提成立。结果的创造性与破坏性取决于其原因。[12]所以小前提也成立。因而依照自然哲学家的学说,天不可能禁止不动[13];相反,它处于永恒的运动中。天体通过其自身的特性对人类产生反作用。之所以会产生反作用,源于天体之天象和运行的多样性。这一点,我们的感觉已经告诉了我们。故而,为了严密地推导这一命题,我们需要观察各国建立之时各天体之间纷繁多样的联系。有些国家自建立之初便相互憎恨,另一些国家则结为友盟或姻亲。人也一样。有些人自然而然地互相憎恨,并不是因为先前某一方曾有背弃另一方的情形;有些人则自然而然地互相喜爱。所以说,鉴于战争源于憎恨以及欲望的冲突,而这种憎恨和欲望冲突必定源于无时不刻不在运动当中的天体的运行,我们可以推断,考虑到人类对物质的需要以及身体的本性,战争一定存在。但我必须承认,自然力量并不是一开始就是必然的,它甚至可能还会遭遇抵抗。托勒密在《金言百则》中提到:"智者之魂主宰着星体……我们称颂他。"但我也承认,如果神学家对此有不同看法,我服从他们的观点。

然而,对于这一战争,我不打算过多讨论,因为它与法律问题相去甚远。

接下来,我要指出阻碍普世的和平降临地球的六大神学上的原因。首先,犯罪未得到惩罚。[14]其次,世俗之物过于丰裕。[15]"亚伯拉罕的牧人与罗德的牧人发生争吵"[16],"战争与争斗之处"等。第三,我们没有全力以赴与魔鬼作战,因此我们并没有像人一样战斗。[17]"我们与死亡立约,与地狱结盟。"[18]"我们所对抗的并不是有血有肉之人"。第四,我们不考虑战争的损失,在战争中我们失去生命,失去身体,也失去财富。[19]第五,我们没有权衡战争问题,而战争自身充满各种疑问。[20]第六,我们没有恪守耶和华的训诫。[21]"甚愿你听从我的命令"等。

因此,由上得出,天界精神之战是双重性的。首先,它是造物者对抗路西法之战,源于路西法因缺少慈悲之心而变得骄傲,把自己从天堂宝座上拖下来,降落至地球中心。这场战争旋起旋灭,极为短暂。[22]其次,它是众天体之运行与星位的实质性对立,引发下界实体——人类的正式对立,并由此引发下界的人类战争。这种战争持续发生,接连不断。

从神学的角度来看,人类精神之战取决于第一重含义,起源于知性与感性之对立。邪恶之主劝说并引诱我们走向罪恶,把我们往下拖拽[23];相反,真善之主努力把我们向上提升。从自然哲学的角度来看,人类身体之战,甚至人类精神之战都取决于第二重含义。下文将对此做具体论述。

第7节   神学上的人类精神之战

人类精神之战可从神学和道德两个维度进行阐释。从神学维度来看,它是魔鬼因嫉妒而与明达事理之造物对抗所引起的争斗,源于人类始祖所犯下的罪孽。关于此类精神之战,上帝的使徒在《以弗所书》第6章中曾说:"穿戴上帝所赐的全副武装,便能抵挡魔鬼的诡计"。而这套武装,便是人类用来对抗邪恶的美德与真善之物。[24]如今,魔鬼的诡计千变万化,正如教皇约翰(一世)所说:"他有千百种害人之法。他的狡猾,我们早已了解。从他第一次堕落开始,他便试图以邪恶之胆破坏教会的和睦、侵蚀仁爱之心、破坏神圣作品的甜美,想方设法扰乱人类,使其堕落。对于土造之人仍能将仁爱布满人间,他极为困恼与羞愧,而他在天堂之时也不曾拥有仁爱之心。因此,即便我们肉身孱弱,我们也必须竭尽全力抵抗其狡猾的伤害,直至死亡降临".[25]杰罗姆在写给约维里安的书信中也曾以无比优美的词句谈到这一话题:"恶与罪是出自魔鬼之手,是他撒播的诱惑的种子。他看到我们以稻草、木头和麦苤建造基督之基座,他便以火焚之。因此,我们必须用金、用银、用宝石,如此,他才不敢造次。然而仅仅如此,尚不能确保万无一失。狮子总是潜藏暗伏。他或许会杀害无辜之人于秘处。但真陶不怕火炼,正直之人也必定能经受苦难诱惑之考验".[26]教皇亚历山大(一世)也曾说:"魔鬼从未停止其脚步寻找可吞噬之人、可摧毁之信徒、尤其是深信救世主与上帝之人。"[27]这一战争,源于人类始祖所犯下的罪孽。这不是直接原因,却是必要条件。如果人类的始祖没有犯下罪恶,那么这一冲突便不会发生。

第8节 道德哲学上的人类精神之战

如果我们从道德的维度并按照哲学家的方式来讨论人类精神之战,那么我们可以说,它是起源于理性与感性欲望之对立的争斗。亚里士多德在《论灵魂》第2卷中总结到,灵魂有五种潜能:营养摄取、感性、欲望、理智以及因不同的身位而具有的动机。欲望本身又有感性与理性之分。他在《政治学》第1卷中谈到,灵魂以规则支配或命令之方式统治身体,如同主人统治奴隶一般。而理智以一条神圣的规则——即适用于所有自由人的规则——统治感官。也就是说,灵魂统治身体,如同主人统治奴隶;但理智统治感官,则如同有权者统治其臣仆,即便臣仆是自由之身。其次,我们要注意到,理智之所以被称之是理性的是因为它形式上将理性包含于自身。而感性之欲望之所以是理性的,不是因为它本身具有理性之因素,它们二者本身就是灵魂的两个不同的特性。我们说感性之欲望是理性的,是因为人类随时准备遵从理性;而我们说感性之欲望是非理性的,是因为人类可以违抗理性,或者正式排斥理性。因此,这些前提清楚地表明,人类之感性欲望有时抵制理性,有时则遵从理性。欲望抵制理性,战争和对立随之产生;欲望遵从理性,太平与和睦随之降临。大自然中已有确例,一切低等的造物天生就要服从高等的造物。亚里士多德在《形而上学》第1卷和《论天体》第2卷中提到,这个世界必然与更高处的运动相联系,这样,美德才能从彼处而来。有时,由于物质的混乱,人类世界没有遵从更高处的运动,一些违背高处之物意图的事情随之产生,例如怪物。感性的欲望属于低等之物,故而一般也遵从高等之物。于是亚里士多德在《论灵魂》第2卷中谈论受动与主动之物时,说到如果理智引动感性欲望,且感性欲望遵从理智,那么这一运动是遵循自然规则的,正如高处之物引动低处之物。如果引动过程相反,那么这一运动便是违背自然规则的,正如低处之物想要引动高处之物。如君主制国家中,部分臣民或许会起身反抗其君主。让我们分别以自制之人和缺乏自制之人为例,来看待这种对立。一人即使有自制力,他也可能拥有过多的欲望,例如过度饮食或之类。理性告诉人们,欲望过度则有害,因此需要避免。而自制之人的灵魂中,理智和理性占据上风。所以,严格来说,自制并不是一项既定的道德品质,正如亚里士多德所说,在贞洁有德之人心中,万物和谐。大量而频繁的行为让感性欲望产生一种惯性,迫使感性欲望屈从于真善和理性,美德才真正产生。在缺乏自制之人的心中,这种对立十分明显,只不过占据上风的是感性欲望。缺乏自制也并不是一项既定的恶习,只有在经历频繁的行为之后,内心才逐渐习惯屈从于恶,并且放弃对抗恶的一切尝试。从道德哲学意义上,这种对抗就是我们所说的严格意义上的人类精神之战。《罗马书》第7章中写到:"我觉得肢体中另有个律与我心中的律交战"。另有一些文献也提及这种对抗。[28] 格里高利(一世)[29]也提到这一类精神之战。在这种对抗中,青年以上的人总是习惯于走向罪恶。青年以上每一个年岁上的人都易于走向邪恶。[30]究其原因,有以下几个方面。其一,邪恶之事,人可自为,但修成真善,须蒙上帝恩宠。其二,人类的原罪迫使我们行邪恶之事。其三,作恶易,行善难。因为善本质上是中道,而恶是极端。唯有一途通向中道,而走中对此种对抗也有论述向极端之路有很多条。其四,走向真善之径不似通往邪恶之道,困难重重。其五,只有理性之人,才能做到真善。但青年人由于身体器官逐渐被黑暗侵蚀而缺乏理性。这一点,我觉得是真正的原因。有关于精神之战的讨论到此结束,虽然关于其可以写的尚有很多。但继续讨论下去或要越过法律讨论的边界,故就此打住。

第9节 普遍的身体性战争

第三大部分的论述主要是普遍的身体性战争。在这一部分,我决定以问题的形式切入主题。

问题一,依据何种法律可以发动战争和参与战争。

问题二,何人有权宣布普遍的战争,以及有权向何人发动普遍的战争。

问题三,作战手段有哪些,简要解释开战之人哪些行为合法,哪些行为非法,并就这些问题提出一些疑问。

问题四,哪些人可能是被强迫参战,而哪些人是主动参战。

问题五,讨论战利品以及一些战争事件。

问题六,介绍教会法学者对战争问题所做的讨论。《教会法大全》中注释法学家和博士们已涉及之事项,我不作讨论。

第10节 战争源于何条法律?

回到第一个问题:普遍的身体性战争源于何条法律。答案:源于神法和万民法。之所以说源于神法,参见《约书亚书》第8章和《撒母耳记上》第 16 章;之所以说源于万民法,参见〈论正义与法律〉[31]。

普遍的身体性战争何以源自神法

战争源于神法。但有一点要注意,战争之所以而起,不只是因为得到了耶和华的同意,而且是因为得到了他的主动许可。有证据证明这一说法。任何向善之权力都是上帝主动赋予的,而不只是他所同意的。宣告合法之战的权力是向善的,因此它是耶和华主动赋予的。这里的大前提是成立的。如《雅各书》第 1 章与〈论绥靖〉[32]中所说:"每一份美好的和完美的赠礼都来自于上帝,秉承于创造光明的天父。"小前提也成立。宣告合法战争以及合法战争本身是向善的,因为他们旨在为世界创造平和与安宁。这一点,在卜尼法斯所引用的奥古斯丁权威著作中可以得到证实:"战争,不是为战而战,而是为和平而战"。"因此,战争中才存在和平,你取得战争的胜利,便可为你所打倒之人带来和平的恩泽。"[33]战争一旦结束,世界便迎来和平与安宁。因此我们说,战争始于上帝,由他主动认可。这一点是可以证实的。因为每一个惩罚邪恶之人的举动都来自于上帝,而宣告合法战争正是惩罚邪恶与反叛之人的行为。因此,它是上帝所主动认可的。此处大前提证明如下:正如《箴言》第 22 章与第 23 章[34]中有言:"伸冤在我,我必报应"。《申命记》第 32 章、《希伯来书》第 10 章、《罗马书》第 12 章也说:"我必伸冤报应"。小前提也成立,参见奥古斯丁在《对百夫长之子的宝训》[35]中的论述。我们从上面的推理甚至可以得出这样的结论,世界上存在恶和恶人,这在神学上是一种必然;因为在神的威仪中存在赏善罚恶的行动,如圣经中所载的"nullum bonum"(非善)等。而在设想一个活动时,一定也会设想该活动的对象。这一点可以从亚里士多德《论灵魂》第 2 卷那里得到佐证;比如,假定"听"这个行为的时候,就必然假定了一个"听"的对象。因此,假定创世之初,在神那里存在惩罚的行动,则世界上必须假定存在着被惩罚的东西,即"恶"。至此,第一个主要命题可以说是成立的。每一个消灭破坏性力量的行为都源自上帝。宣告合法战争便是这样一种行为。奥古斯丁的权威教义中也有说："战争是为了把被征服者引向虔诚和正义"。"战败对于获得权力作恶之人是有所裨益的。最大的不快乐莫过于罪人的快乐。罪人的快乐滋生犯罪时的心安理得,强化邪恶的意志,就像心中的敌人一般。"[36]这种说法是有道理的:所有权力来自于上帝,要么源自他的命令,要么征得他的同意。战争的权力也源自上帝,只不过这种权力不仅征得了他的同意,还直接源自他的命令。于是,他也就下命令了。主要命题是成立的。[37]简而言之,若我们细想一下历代的故事,这一点不应该是很清楚吗?从创世之初到挪亚时代,上帝一直在通过自身的力量毁灭邪恶。这一点从《创世记》第4和第5章中记叙的该隐和亚伯以及其他几人的故事就可以知道。因此,上帝为了惩罚和毁灭邪恶而引入了战争。至此,通过以上多个前提,我们可以推断,战争始于神法。

我们可以用一个比喻,或者也可能是很自然的一个说法来证明:如自然哲学家所言,人是一个小世界。既然小世界有一套管理秩序,那么宇宙万物也有一套管理秩序——这一类比请参见亚里士多德《物理学》第8卷。很明显,在人体的自然秩序中,如果体液不超量,那么自然的保存和延续就不会发生逆反和紊乱。但一旦秩序失去控制,体内体液过多的话,那么体内保存生命之自然倾向便会与意图毁灭生命之多余部分进行搏斗。搏斗过程中,有时候自然力量更强大,能够矫正体内的对抗;但有时候因为病患过于严重,它也无能为力,这时候,就需要外界提供救济,需要服用带有毒性的药剂来对抗疾病。大世界也是一样。有时候,当世界上的某个地方没有什么叛逆之人,那么那个地方也就不会有冲突,或者即便有少数叛逆之人,大自然之手也会让它维系下去。一旦叛逆之人多了,那片土地的保全与治理便有倾覆的危险,有时候大自然可以通过警告、劝导以及其它温和的方式成功制止事态的发展,无须战争或有毒药剂。但有时候病情发展太快,必须使用有毒药剂彻底根除病症,也就是需要通过战争来彻底消灭邪恶之人。因此,在小世界里,内在力量无法解决问题,我们就去找医生,实施诊疗,借助外来力量毒杀病菌。大世界里也有一个君临天下的统治者,也就是至高造物者,他就是宇宙的医生,保全和牧领整个世界。当旨在摧毁整个世界或某一部分的"体液"分泌过多,他便通过战争这一救济方式来消灭所有邪恶和过量的部分,让世界恢复正常"体温"。人体所过多分泌的体液可能同时攻击身体的多个部位,有些部位甚至开始溶解——有时候是这种体液,有时候又是另一种体液。就大世界而言,情况就是多个地方都遭到旨在推翻目前统治的邪恶力量的攻击。根据邪恶力量的种类的不同,有时候是这个地方,有时候又是另一个地方。这也就是为什么有些地方因为邪恶力量过剩而日趋衰弱,有时候甚至需要服用药剂来摧毁一切,不论善恶。确实,有时候这种过剩的力量导致彻底毁灭,就像人的死亡一样。因为这个原因,世界上已经有无数地方遭到彻底的毁灭,成为荒无人烟的不毛之地。这种例子举不胜举,家庭和政府也是一样,也有被摧毁的。虽然这里我采用的是比喻的说法,但绝大多数都可以在神法文献中找到例证。《创世记》第 19 章中,索多玛城成为罪恶之地,上帝便采用根除性药剂,即战争来摧毁索多玛、蛾摩拉、洗扁、琐珥和押玛五城,尽管有两座是受他们邻居牵连而毁灭的[38]。例子数不胜数。《约书亚记》第 8章中也提到以战争作为药剂。上帝命令约书亚在城后设下伏兵,也就是让战士们埋伏起来,等待敌军前来。奥古斯丁在《问答实录》提到约书亚时也说:"战争之合法,在于向致害之人报仇。"致害之人,也就是恶行过多之人。他还说道:"所以对同胞的恶性视而不见,不加惩罚的人或城市,必须受苦。""这种战争毫无疑问是合法的,因为这是对每个人的末日之期了如指掌的上帝所下达的命令。"此处,他没有说"同意",而是说"命令"。他说:"这一类战争中,军队将领或民众本身与其说是战争的发动者,不如说是上帝的使节。"因此可以证明,上帝作为至高医者和世界的保护者,命令发动战争以铲除罪恶。[39]《马加比一书》第 5 章与《申命记》第 2 章中也提到这一类战争和根除性药剂,说是上帝命令以色列子民向亚摩利人开战。奥古斯丁在解说《民数记》时对此也有论述。[40]《士师记》第 5 章中"耶和华指令发动新的战争"一句中提到的"战争",即铲除过剩之邪恶的战争。《以赛亚书》第 30 章中也写道:"耶和华必振臂与之交战",如同勇士一般。《马加比一书》第 4 章中提到毁灭之战的发动者,说他们"鼓起勇气参战"。《耶利米书》第 20 章也写道:"耶和华与我同在,像一名威严可惧的勇士。"杰罗姆在阐释《西番雅书》时,曾以无比优美的文笔写道:"若一人能以其之力削弱强盗或海盗之力量,致使他们虚弱无力,那么此事大有裨益。之前因为病魔缠身而虚弱的器官之后便不会再作恶了"。杰罗姆的观点是,病魔驱使受感染之器官向恶,故驱散病魔,便能医治好作恶之人。而驱散之法,便是发动毁灭性战争。[41]《路加福音》第 12 章以及《希伯来书》第 12 章中的说法也能清楚地证明这一点。耶和华说:"仆人不知主人的意思而作出应受责罚之事的,少受责打;仆人明知主人的意思,却作出应受责罚之事的,要多责打。"由此可知,越矩之人将受到上帝的责打。[42]因此我们从《圣经》中读到伊利亚手刃多人,还得到天火的帮助。[43]在还写到生活在旧的律法之下的其他人。[44]《使徒行传》第 4 章中写到亚拿尼亚和他的妻子因受到第一门徒彼得的责骂而暴毙。[45]格里高利(一世)在写给法兰克人的女王布吕内伊尔达的文章中,也曾以优美的文笔谈到这一类毁灭性战争:"若我们不信仰上帝,神圣的复仇怒火将受到恶行的激引,战争便会席卷而来,毁灭上帝的戒律未能召唤他们回到正义之路的罪人们"[46]。耶和华不是对摩西说过"你们不能容忍作恶之人存活于世"吗[47]？摩西在收到来自耶和华的戒律之后，也以死刑惩罚崇拜埃及神像之人[48]。撒母耳接到耶和华的命令后，把王中首富亚甲砍成碎片。[49]耶和华还用洪水淹死了埃及人[50]；他也让以色列人横尸沙漠[51]。从新旧教规中其实也能找出许多例证。但以上所举的例子已经足以推断，战争源于神法，而且不仅是得到了耶和华的同意，还是由耶和华本人所主动认可的。作为世界的统治者和医生，他消灭邪恶，以拯救和保护世界。正因为战争的目的在此，我们可以看到，出于这个目的，也为了对抗把世界带向毁灭的多种罪恶，至高造物者在过去采用了这一毁灭性的救济手段。有多少王国和政府被彻底摧毁，被削弱？特洛伊人和希腊人的帝国如何？取得普世统治权的罗马人又如何？我们同时代的一部分意大利人开始狂热起来，他们也准备接受审判。药剂已经按照希波克拉底在《箴言》第一部分所列明的教义准备好了……。

　　此外，这个结论，也就是战争源于耶和华的积极认可一说，也可以通过观察上帝一贯使用的恒久性工具来证实。至高造物者必定是通过调和天界的结构来调和地上的结构，虽然这话说法有点超自然。当上帝有了某个意念，他便立即引动和影响天球运行。从自然哲学的角度，用亚里士多德在《气象学》第 1 章和《论天体》第 2 章中的话说，就是这个世界必然与更高处的运动相联系，这样，美德才能皆从彼处而来。因此，至高者通过调和天体，自然而然地影响人间。而正如亚里士多德所说，天体是通过运动和光来调和的。因为天界内各天体活动范围不同，行星和恒星也多种多样，这些天体本身所具备的特质能够产生不同的影响。也正因为它们本质不同，运动轨迹多样，它们才能够影响到每一个上帝所造的可堕落之人。因此，作为人类争斗之源的差异与多样性，其实取决于天界。由此，我们也可以立即推定，既然对立与差异是引发战争的原因，那么战争是否发生，也取决于天界。再者,我们从经验得知,出生时星位一致与否能够决定两人是命中注定的朋友还是敌人。这一点大家都感同身受。有些人不一定有多少优点,却能让人一见钟情;有些人也不一定有什么过错,却让人一见生恨。城市、乡镇和兵营之间也是如此,它们是成为友盟还是敌人,取决于它们建立时的星位是否一致。所以说,来自天体的影响引发仇恨、战争,也带来友谊与和平。教区之间也是如此。但是,通过运行轨迹调和的天体世界既有创造之力也有腐化之力,既能促进下界生物繁衍,也能让其消亡。它不仅可以影响个体,甚至可以影响整个地域。因为这一天界的运作,地球上诸多宜居之处现如今寸草不生,原本荒无人烟的地方又变得欣欣向荣,适宜安居。亚里士多德曾说,海枯之时,这种本质上和性情上的对立,能够引发争吵、冲突、地区性战争和全民战争。由于各天体运行轨迹与星位不同,这种对立能够提升一部分人,毁灭一部分人,打压另一部分人,还能引发地方或世界范围内政权的变更。这种说法是成立的。某结果的充分原因一旦成立,该结果必定成立,除非有外力阻碍其产生。各天体的运行轨迹和星位无时不在变化,而它们各自的差异又决定了它们所产生的影响不同。因此,没有外力的阻碍,不同的影响必定产生对立和不同的结果。由此可以断定,战争是自然运行的必然结果,否则世界的统治也无法自然地进行下去。但我不同意这种说法,即尽管天体世界对人类世界产生影响,但这种影响并非来自于它自身的行为,也并非直接影响人的思维,只是容忍了人类的意志自由。[52] 天体的影响作用于感性器官,感性器官接受影响,然后支配人的思维。因此,这种影响是间接的。也因此,《金言百则》中才有言:"智者之魂统治着星体"。鉴于继续讨论该话题将远远超过法学的范畴,故就此打住。我们已经通过上文的论述推断并证明了战争源自上帝积极有效地认可,便已足矣,尽管最后的论述告诉我们,这种认可并不是直接作出的,而是通过天体世界的调和与自然的运作。

第11节　普遍的身体性战争何以源自万民法

　　其次，我提到，战争也得到万民法的认可。但是，尽管法律中载明战争源于万民法——参见依西多尔[53]以及赫摩根里鲁斯在《论正义与法律》[54]中的论述——，但我认为，战争不仅来源于公平正义这一人类所创之智慧，其源头更在于富有创造力的大自然的安排。大自然不仅影响人的行为，还影响一切有生命和无生命之物。因此可以说，战争源于自然法，甚至区别于万民法。[55]这一观点的真确性可由如下原则证明：自然的第一原则在所有的被造的自然实体中植入了自然的倾向：排除与自己的自然倾向相悖反的实体。我们仔细观察具体的实物，不论是单一个体还是混合物，就能立即明白。水与火天然不相容，因其性质相斥。混合物也是一样。在野兽身上，这一点尤为明显。因为天性生而对立，野兽多处于吃与被吃的关系之中。因此，自然在每一个理性造物中都植入了一种倾向，即猎杀一切与其格格不入的东西。这种倾向甚至能遏制思维的指令。这一点可以得到证明。大自然作为宇宙万物的生产者应该对理性造物的维系比对其它造物的维系更为上心，因为前者更为尊贵[56]；且月球之下的万物都是为理性造物而造[57]。那么试想想，如果大自然在所有其他所造之物的体内都埋下了爱猎捕反对它们之物的种子，那么理性造物体内的这颗种子会比其他所造之物的强大多少？如果我们细想具体事例的话，那么我们很容易想明白这个问题。每个人都有过类似的经历，如果这种本能是自然基本原则所赋予人类的话。因此，战争导源于这种与生俱来的倾向，因为战争，如上所述，就是为了消灭对立者的争斗。因此，我们或许也可以推断，这一旨在摧毁一切与自身的存续不相协调或对立之物的争斗从根本上来说，源于自然的基本原则，即源于自然法，而不是万民法。

但此处你肯定会立即提出疑问，这个观点不是与"战争源于万民法"的说法相冲突吗？关于这一点，我们需要看到，尽管这种自然倾向导源于自然法，限制了我们的自然理智，但这种倾向受到理性和自然理智所发出的指令的控制。这与饮食和性交等行为一样。人类从事这些行为，具有自然所赋予的正当性。它们限制了我们的天智，这是天性使然。然而，人类还是可以通过理性发出指令控制这些行为。我们与野兽不一样，他们无法发出这种指令。因此，我相信"战争万民法"这一说法的意思是，对导源于自然基本原则的这一倾向进行控制的行为源于万民法，即公平正义这一自然理智。至于这一倾向本身，则源于自然法。[58]在这两部分注释中，战争一词前面都有一个修饰词——"合法"，可以理解为它所指的是一种受到理性控制的倾向。

另外，尽管这一说法指明战争源于万民法，但我认为，如果说战争这一受到理性控制的倾向导源于市民法和教会法，也不无道理。市民法与教会法所表述的公平正义与万民法所表述的公平正义并无二致，毋宁说，它们就是正义本身。所有法律都包含一种正直、正确，所以法律才称为"ius"。[59]但市民法和教会法关乎生活之正义以及万民法之公平正义。在此之外，它们为这种公平增添了某种解释，因为市民法和教会法需要释明万民法的正直与正义，有时以适当方式缩小其含义，有时须将其适用于各种各样的行为，有时因某种事件终止其效力。关于这一点，请参见《论正义与法律》中〈论市民法〉一文。文中说："市民法既非完全异于自然法或万民法，也不完全从属于它们。因此，当我们通过对普遍法则稍作增删而得到的特殊化了的规定，便是市民法。"因此可以说，战争导源于市民法和教会法，即公正理念本身。刚才所引文字与这一说法并没有冲突。因为这种公正，无需任何增删的情况下，便是万民法。刚才所引法律也说明了这一点。有所增删，便是市民法或教会法。但毋庸置疑,市民法和教会法确实在人们的理性指令中增添了一些有关战争的内容。以上便是对战争起源的讨论。

第 12 节　谁最先且主要拥有宣告普遍的战争的权力? 法律依据为何? 对谁宣战?

我的第二大问题是,哪部法律允许教会向异教徒宣战,入侵他们的领地,并放纵这种行为? 法律的规定似乎正好相反,因为教会之外的人于我等而言无足轻重,甚少关联。[60]而且他们的财产和司法权原归他们自己所有。这符合耶和华对一切理性造物的安排。他令太阳普照大地,阳光既能到达正义之地,也能照耀不义之所。[61]任何人均不得被迫信教,不信教的,可凭借自己的意志行事。[62]异教徒改信教的,司法权便可及于他,但不得令其负压过重。[63]为了便于说明问题,此处我必须先把开头提到的“报复”问题说清楚,也就是教会从何处获得司法权,国王又从何处获得司法权。但在此我不做过多讨论,因为之前已经说的很清楚了。了解这点之后,我们还必须知道,接受同一个国王统治的同一个共同体内,存在着两类人。这两类人过着两种不同的生活。他们的生活又受到两种不同的支配,而两种不同的统治又导致双重管辖权。该共同体便是教会,王则是基督。两类人分别是教士和普通信徒。他们分别在灵里和身体里生活。一个受到神职的支配,一个受到帝国的支配。但他们之中,有一人是至高无上的,那就是教皇,其他人皆从属于他。如若不然,亚里士多德在《形而上学》第 12 部分所论证的造物者的单一性便不合理。他说,许多政府和邪恶实体常常不怀好意,因此需要一个处于领导地位的实体。我们现在讨论的正是这个问题。如亚里士多德所说,在任一等级的实体中,或许都可以推定某一个实体为首,成为其他实体的尺度和标准。因此,在一个君主制国家,或许可以找到为首之人。在自然物体中,也可以找到首要的固定不变的推动力,如亚里士多德在《物理学》第 7 和第 8 部分所说。帝国与教皇之间的关系不能如此。相关文献数不胜数,此处我仅引用以下书籍[64],以说明地球上只有一个主。而这人便是教皇。他不仅对教徒,对异教徒也享有管辖权。这一点比白日之光还要清楚。基督的权力达至所有人,如《诗篇》中所说:"上帝啊,求你教导君王按你的公义审判"。如果基督授权于他的门徒彼得时并未委托他审判,那么他就不是一个慈父了。他把天国的钥匙交给彼得时说:"一切你所约束的……"。[65] 在《约翰福音》最后一章中,耶稣还交代:"牧养我的羊"。于是,从法律上来说,教皇对异教徒享有管辖权,尽管事实并非如此。因此,即便是一个仅仅受自然法管辖、仅违背自然法的野蛮人,教皇也可以惩罚他。《创世记》第 19 章中讲到索多玛人受到了耶和华的惩罚,那么教皇作为上帝的代理人,也有这种权力。信仰各种神像的人的下场也一样。我们应该信仰造物者,而不是他的造物。同样,对于在道德上有违他们自己的律法且未受到他们统治者惩罚的犹太人,他也有权惩处。毫无疑问,对于违背福音教义的基督徒也是如此。由上所述,我们可以推断,教皇就像一个真正的王一样,可以向异教徒宣战,可以赦免一切为夺回圣地而作出的行为,尤其是基督出生、居住和辞世的圣地。现如今那里的人信封的却不是基督,而是穆罕默德。基督死后,罗马皇帝通过合法战争征服了圣地,随后又被异教徒从手中抢走。因此,教皇因为牧领这片王土便要重新收复圣地。对于其它非神圣的、既非帝国也非教会管辖的地域,教皇事实上也有权命令他们不要骚扰其域内的基督教徒。要不然,他可以下一道命令,剥夺他们的管辖权并由此……。[66] 第一个问题,也就是教会向异教徒宣战的正义性已经解答得很清楚了。由此我们也可以得出罗马皇帝可以宣战的对象范围。

第13节 论据及对皇帝可宣战对象的讨论

我们必须区分两类人。一类是罗马人,一类是外邦人。首先,完全臣服于罗马帝国的人属于罗马人,因为此处罗马人指的是罗马帝国全体臣民。[67]有些人只是部分臣服于罗马帝国,例如伦巴底等城市,他们遵循帝国法律,承认帝国皇帝是世界主宰。这些人也属于罗马人,因为在某些事项上罗马对其享有司法权。[68]有一些人既不对帝国皇帝称臣,也不遵循帝国法律,称他们依据特权据有此地位,如坚称自己拥有特权的威尼斯人。这些人也属于罗马人,因为他们是按照帝国皇帝的意志享有特权,而帝国皇帝可以随时撤销他们的特权。[69]再者,授予他们特权并不等于剥夺他们的罗马公民资格。[70]另有一些人不服从帝国皇帝,声言他们依照契约享有豁免权,如接受罗马教会管辖的若干行省。他们称这一豁免权是由君士坦丁及其他几位皇帝对教会的赠礼。这些人也属于罗马人,因为教会对其行使帝国所享有的司法权,故他们不因此豁免权而成为外邦人。那些不向帝国皇帝称臣,称自己因特权或命令而独立的君王也一样,如法兰西、英吉利、西班牙等国国王。因此我认为,基本上所有服从罗马天主教会的国家,其人民都属于罗马人。不认同罗马皇帝是世界主宰便与《路加福音》中的记载相矛盾,书中说:"该撒亚古士督有旨意下来等"。但也有外邦人不承认罗马皇帝是他们的君主,比如希腊人只承认他们自己的皇帝。同样,鞑靼人只承认可汗,而萨拉森人也只承认他们自己的哈里发。对于这些人,也还要有所区分。他们当中有一些是我们的盟友,例如希腊人,他们与我们一道对抗土耳其人;有一些人与我们和平共处,如鞑靼人,与我们还互通商贸;有一些人与我们毫无瓜葛,比如犹太人;还有一些人与我们交战,例如萨拉森人以及现在的土耳其人。因此我们得出结论,罗马皇帝是世俗领袖,在世俗事务上享有最高决定权,当然,也许除了我们之前提到的对敌宣战的情况以及接下来即将讨论的敌人范围的问题之外。此类战争在罗马法文献中有所提及。[71]因此,战争要师出有名,只能经由罗马人民或罗马皇帝宣布发动,因此,当罗马皇帝向意大利任一反叛城市宣战时,该战争便成为一场公战,因为即便该反叛没有说明是针对罗马皇帝还是教皇的,但反抗罗马皇帝或教皇所任命的官员其实是一回事。

第 14 节　君王以外的人可否宣布发动普遍的战争?

这里的问题是,普遍的战争是否可以由君王以外的人宣布发动。答案是:未经君王授权的,不得宣布发动普遍的战争,因为未得到君王许可的人,不得持有武器[72]。理由是,任何人不得在未经君王许可的情况下违反法律。享有国王权力之人未按照法定形式,未经立法者立法,而自创律法的,也属于违法行为。因此,任何未得到君王许可之行为均以违法处。然而,君王本人有权宣战,因为在他之上已经没有其他人可供寻求正义。但现如今,有一些人找不到他们事实上的上级,既然找不到上级,那么他们也就不需要获得上级的授权。不仅如此,日常生活中,人与人之间经常彼此宣战,也不需要征得谁的同意。

第 15 节　皇帝向教会宣战是否合法? 臣民是否必须服从?

第二个问题是,皇帝向教会宣战是否合法? 此种情况下,臣民是否必须服从? 答案似乎是肯定的,因为该战争是获得君王授权或由君王直接命令的。而且有双重司法权的存在。[73]臣民在武器使用问题上,也必须服从皇帝,即便他旨在分裂教会。[74]然而,真正的答案是相反的。因为皇帝是教会的代言人,有义务保卫教会,因此他不得对教会发动攻击。[75]而且,他一旦对教会宣战,便失去了宣战之特权,因为他滥用了这一权力。[76]因此他必须因他的悖逆行为而受罚。[77]不仅如此,君王的这种固执行为无异于异端。[78]再者,由于教皇是他的上级,教皇有权审查、谴责以及处置皇帝。[79]故而在这一问题上,臣民没有义务帮助皇帝攻击教会,反之却不同。教皇可以免除臣民对皇帝效忠之义务。[80]

第16节　教皇对皇帝宣战时法律状态如何?

第四个问题是,如果反过来,教皇对皇帝宣战又如何? 其实从上文的逻辑来看,答案很明显。如果皇帝意图分裂教会,有异教行为或以其他方式篡夺教会权力和教产,而教皇对该皇帝宣战的,一切教徒均有义务协助教皇,甚至帝国封臣都可得以免除他们效忠皇帝的义务,或者经宣告不必履行义务[81]。

第17节　开战与作战手段

第三大部分开始讨论开战与作战手段问题,以及实战中的必要做法。

军团与步兵大队的人员构成与人数

战争中,一个军团由7 100名步兵和719名骑兵组成。一支步兵大队分为20个连队。"千人队"中有1 105名步兵和135名骑兵。"五百人队"则由555名步兵和66名骑兵构成[82]。这些兵士,尚需一名将军统御,以军纪羁縻,方可实战。战争,不仅仅意味着作战行动,更意味着拥有一支整训有素、来之能战的队伍。但是,战争最主要的两大基础还是武器和军力。军力又分为三军种:骑兵、步兵和舰队。骑兵保卫平原,舰队巡弋河海等水域,步兵则扼守山地、城市与陡斜的平原。因此我们可以说,对于共同体而言,步兵比骑兵更为必要,因为他们的用途十分广泛。

第 18 节 士兵的战时行为应是怎样? 他们的服从对象是谁? 有哪些行为是被禁止的?

战争中,士兵应坚守誓言,恪尽职守;每位士兵都曾宣誓,将竭力遵守皇帝之命令,保国安民,绝不擅离职守,贪生怕死[83]。士兵须服从将领[84]。国家爱护和支持士兵,他们也必须勠力同心捍卫公共利益,必每日操练兵器,全力备战[85]。他们必须服从将领,否则,将被处以死刑,即便他们有不服的充足理由[86]。他们不得开垦田地,蓄养农畜,买卖商品。不得替他人经营生意,不得服民役,否则剥夺其兵役资格和兵役期间享有的特权[87]。他们不得在服兵役地购置田地;服役期间,也不得以他们名义购置田地,否则没收该购置田地,上缴国库。但退伍之前没有处理的,退伍之后不得干涉。本条规定有例外情形,即财政部门管理其父母无力偿债之产业时,该士兵通过继承获得的田地除外。理由是,农业活动并不一定影响他们履行军事义务[88]。

第 19 节 战时将领有哪些职责?

战时将领向队伍分发给养时,须极尽节俭。将领不得允许战马离开辖区;须命令士兵留守兵营,操练兵器,不得指派士兵为其办理私人事务,钓鱼或捕猎;须保管门房钥匙,巡视哨岗,关心部队粮草问题,批准供应粮食,惩罚谎报欺瞒行为,严惩违纪违法之人,在军中倾听兵士的抱怨,探视伤员。这些事项在〈罗马军制论·职责〉一章有详述。将领须率领军团驻扎在水草丰美的河岸,保证任何人不得以任何方式污染河水,或在公众面前以河水洗马,但可以允许在河流下游的远处洗马[89]。将领须率领士兵驻扎在树木、草料、水源丰盛之地;不论时间长短,将领须为部队选择万全之地安营扎寨,或远离海洋之地,或不易被敌人捕获的高地。除此之外,他还需要调查战场是否经常遭遇山洪[90]。将领须按照士兵人数安营扎寨,建造相应的防御工事,士兵人数多的,工事不得过于局促;人数少的,不得过于分散。良将还需善察,擅长选择合适的战场,战场位置越高越好。但他如果试图依靠步兵击败敌人的,则须选择崎岖不平的陡峭山地;如果相反,他则应选择平坦开阔、不受树林或沼泽阻隔之地作为战场[91]。将领还须公断士兵之间因违约或侵权行为产生的纠纷,这同时也是"军事统帅"特殊的职责[92]。

第 20 节　士兵所犯罪行不同,惩罚亦不同

士兵所犯罪行不同,惩罚亦不同。罪行要么是特殊性的,要么是普通性的。犯有特殊罪行的,施以军事处罚,士兵级别越高的,处罚越重[93]。处罚形式有罚金、剥夺奖赏、从部队遣返使其颜面尽失以及降级。不得判处士兵下矿或在矿场工作,但可以杀头;因为此时他不再被视为一名士兵,而是被看作敌人[94]。有下列行径者,均应除以死刑:伤害军官,不服从命令,当众率先逃跑;作为间谍向敌军泄露机密,因害怕敌军而装病;用剑刺伤战友,无故自残或企图自杀。因厌生或因疼痛失去耐心而作出以上行为的除外,这种情况下的行为属于"不名誉"行为。因醉酒或情欲而作出以上行为的,将被从军中除名遣退。有能力保护但没有保护军官的士兵,处死刑,欲保护而不能的除外。[95]敌军来袭而拒绝出外侦察或退离战壕的,处死刑,即便其出于良好目的。[96]扰乱和平的,处死刑。[97]煽动严重骚乱的,处死刑。战时逃亡人员处死刑;休战期逃亡的,骑兵处以降级,步兵予以遣退[98]。但是,并非所有逃亡人员都处以相同处罚,视其军级,服役时间及其他情形而定。擅自出外寻找粮草的,视为缺勤或逃亡,具体视其出外时间长短以及中途是否出现阻碍其及时回营的情况而定[99]。其前科也纳入考虑范围。缺勤人员指离开军营但之后主动回来的人;逃亡人员指长时间离开军营后,被强制带回的人[100]。逃亡人员在城市被找回的,处死

刑；在其他地方被找到，且在第一次逃亡被找回后再次逃亡的，处死刑[101]。逃亡人员的财物在其死后没收。[102]

第21节　"勇敢"及其本质；勇敢何时是一种道德？何种情况下，它将战争引向正途？

既然说到勇敢和武器是作战的两大基础，法学又没有明确地讨论"勇敢"的本质，那么在此似乎值得对它的本质做一些或多或少的讨论。我的第一个问题是，勇敢是否是一种道德德性。乍看之下，似乎不然，它属于生理倾向[103]，故而不是一项道德品质，因为生理倾向与灵魂习惯或倾向不同，其等级较低[104]。第二，勇敢似乎又属于道德德性。每一种道德德性都旨在达致感觉和行动上的中道。[105]第三，至少包含两种及以上道德德性的，不是"一种道德德性"，而是"多重道德德性"，多重即一个以上。[106]亚里士多德在《辩谬篇》第1卷中对此已有证明。"命题"与"一个命题"的定义是相同的，但勇敢所代表的并不是"一种"道德品质。以下为小前提的证明过程。一种道德德性只与两种极端相对。[107]但与勇敢相对的，共有四种极端，即无畏与怯弱或畏惧、以及蛮勇与缺乏蛮勇。对于缺乏蛮勇这一品质，还没有适当的可对应的词。[108]亚里士多德在《伦理学》第3卷中已经证明了这样一种对立。为了解答本小节的问题，我们必须知道，"勇敢"这个词具有模棱两可的含义。它既可以指身体的勇敢，与身体的力量同义，也可以指作为道德德性的"勇敢"。前者是指能移物之力。[109]在战争中，这两类勇敢都需要。既然如此，当我说勇敢或力量与武器是作战的两大基础时，我指的是广义上的勇敢。但是毫无疑问，第一种勇敢，即身体力量，绝对不属于道德德性，原因见上文论述。但就第二种勇敢而言，我们还需要讨论下去。战争中遇到危险时，是这种道德德性帮助我们正确处理恐惧和蛮勇的问题。我们接下来就讨论这第二种勇敢。至于第一种，即使是眼神不好的人和理发师也很清楚。那么，为了理解灵魂的勇敢，我们需要知道，在蛮勇和恐惧的问题上，有人可能过于大胆或蛮勇，也可能不够大胆或蛮勇；在任何一种前述情况下，人的行为都可能出错。也有人能够持守中道，故能符合德行地行动。但蛮勇与恐惧不是一回事。蛮勇是一种盛怒之下产生的欲望情绪，令我们想要攻击不善之物。恐惧令我们产生逃跑的想法，这一点大家可能有亲身体会。但无论是蛮勇还是恐惧，都可能导致善或者不善的行为。如果一个人在面对十个全副武装的敌人时，还打算单独赴敌的话，那么这是一个不善的行为。如果他不逃跑的话，也是一个不善的行为。去进攻，不善；无所畏惧，也不善。同样，一个人也可能过于恐惧。比如，当自己这一方共有 100 人参战，且防御工事坚固，而对方也只有 100 人，这时候逃跑的话，便被认为不善。不去进攻的，也不善。正如看到一座城市正遭到敌人蹂躏而不去进攻是不善的做法一样。因此，我们找到无数这种"过度"的例子。该恐惧时不知恐惧，不该恐惧时却畏畏缩缩；该进攻的时候不进攻，不该进攻的时候又冲锋陷阵。至此，我们对于蛮勇和恐惧这两个极端以及它们各自的程度应该有所了解了。另外，还有一点需要注意，如果我们能够找到不合道德、应受谴责的极端，那么我们也就能找到令人满意、值得赞赏的一种中庸之道。如果一种品质是彻头彻尾的邪恶的、应受谴责的，那么我们不能说不具备这种品质的人是应受谴责的，因为他所不具备的是一种邪恶的品质，故而不是一件坏事。因此，持守中道时，我们一定能够找到一个"善"的标准，而过多或过少的状态，则都是"不善"的。

通过以上论述，我们可以得出两个结论。第一，灵魂上的勇敢属于道德德性。第二，灵魂上的勇敢是"一种"道德德性。第一点已经证明过了，因为每一个追求受赞赏的中道的习惯都是道德德性。勇敢正是这样一种习惯。因此，通过追溯道德德性的概念，我们可以证实大前提。从法律角度来看,这是一个有效的论证。[110] 小前提也成立,因为勇敢正是在恐惧与蛮勇之间选择一种中和状态的习惯[111],亚里士多德在《伦理学》第 4 卷中也如此定义道德德性。论点也可以证明如下:道德德性乃是由"mos",即习俗在我们之中孕育而成,并且这也是"moral",即道德一词的由来。而勇敢也正是通过这种方式在我们心中孕育而成。因此,从形式因角度,这一论点也成立。从法律上来说,这也是一个有效的论证[112]。小前提还可以证明如下。在战争中,由于恐惧,感性欲望会促使人逃跑,正如亚里士多德所说;而愤怒,作为一种冲动情感,会促使人走向各种极端。相反,德性让我们面对欲望能够作出迅速的、理性的决断,促使我们走向中道。这种迅速的决断能力来自于行为的不断重复;否则我们无法"欣然地"而为,德性也就无从谈起。因为按照亚里士多德在《伦理学》第 2 卷中的说法,有德之人不会抵触欲望。因此,第一个结论很明了,即勇敢属于道德德性。

第二个结论是,勇敢是"一种"道德德性。有些权威人士是这样证明的:恐惧和蛮勇是相互对立的情感,而勇敢在二者之间,所以唯一。对于两个对立的事物,任何行动试图增强一方,则必定会导致另一方的减弱。同样,某德性帮助人减少恐惧,其蛮勇程度也就有所提高,反之亦然。另外,道德德性由其目的支撑,目的唯一,该道德德性也唯一。第一个观点从形式因上看已经很清楚,而且在法律上这也是一个有效的论证[113]。第二个观点也很明确。战时保持勇敢是出于公益之目的。任何报以有利可图之目的而参战的人,不能说是勇敢,而是贪婪。也有一些人有不同看法,称恐惧和蛮勇二者不是对立的情感。它们在同一事物的同一方面上可以共存,因此不是对立的情感。该结论是成立的,因为如果两个事物对立,那么一方成立,另一方必定不成立[114]。第一个观点很清楚。一个人可以为了良善高尚之目的而意图参战,但同时他也可能因为上帝而恐惧。或者,他发动了进攻,具备了蛮勇,但同时也担心自己可能受伤,也就是说,有所恐惧。这一观点与亚里士多德在《修辞学》第 2 卷中的说法有冲突,而且其推理过程也不成立。欢乐与痛苦在任何情况下都属于对立的情感。但同一个行为可以给人既带来欢乐,又带来痛苦。例如通奸,感官享受使人快乐,但耻辱之心又遭致痛苦。航船之人在海上遇到暴风雨,把船载货物扔进海里的也是一样。厄运当前,他害怕;但因为怀抱希望,他又大胆。因此,上一个观点更为准确。也因此阿尔伯图斯说,尽管与勇敢相对的有四种极端,但追根究底,也就两大品质。因为懂得什么是正当的勇敢的人不会恐惧,而不懂得什么是正当的恐惧的人没有胆量。与之相关联的,仅一种道德德性而已。有些人说其实与之相对的只有两种极端,因为如果一个人无所畏惧的话,他就过于蛮勇,因此恐惧与蛮勇构成一组极端。这些就不必过多地细说了。总之,通过以上论述我们得出结论,勇敢作为作战的一大基础,当被视为身体力量时,不属于道德德性;当被视为灵魂方面的德性时,属于道德德性,而且是单独的一项道德德性。也正是这一种道德德性把战争引向正途。

第 22 节　勇敢是一类基本德性吗?

我们已经谈到,作为战争一大基础的勇敢属于道德德性,而且还是单独的一类道德德性。但本论文是写给一位枢机主教的,因此我问,勇敢是否还是一类基本德性。答案似乎是否定的。因为既然大度不属于基本德性,那么勇敢亦然。该论据从大前提出发进行推导,在法律上是有效[115]。但大度与勇敢相比,其道德德性似乎更高,因为其更尊贵、更伟大(亚里士多德《伦理学》中有关〈论大度〉的论述)。显而易见,大度不属于基本德性,否则基本德性就不止四大类。应该这么解释:人类行为整体上并不以勇敢为中轴,如同铰链一样。因此,它不是一类基本德性。"基本"即"cardinal"一词源于"cargo",意思是铰链。

该论据从词源学角度推导结论,在法律上也有效[116]。非常明确,勇敢只关涉作战时的危险,但绝大多数人一辈子都不需要面临这种危险。因此,结论无需再重申。公认的语言权威提出了相反的看法,他们认为勇敢属于基本德性,塞涅卡也曾撰文支持这一观点。西塞罗在《修辞学》中将这四种德性定义为基本德性。该论据引用权威著作,在法律上有效[117]。

第23节　四大主要德性为何以及在何种意义上被称为基本德性?

为了解答这一问题,我们必须首先弄清楚四大主要德性为何以及在何种意义上被称为基本德性。阿尔伯图斯有言,天空以南北极为轴而运动,门以铰链为轴而转。同理,这几类德性之所以称为"基本"德性,因为它们是一切人类行为的中轴。具备这几类基本德性的人,我们称之为"善人";反之,"不善之人"。因此,在我看来,枢机主教的称谓也一样。他们之所以称之为"枢机",因为他们是世界的中轴,世界的运转和塑造皆以其为中轴;他们肩负着适应形势管理世界的全部重担,受托为世界的运转提供动力。天球有南北两极足矣,它们始终如一,岿然不动,让天球的运动更加有序,始终不偏离人类定居之地。而隐修士政府有四大中轴也足矣。但如果就这个数目、多样性、其弱点以及我们与轴心之间遥远的距离等问题追根溯源的话,我们无法找到具体的词语来描述它们,但意志自由或许是其中一个原因。我在关于"教会的申饬"的论著当中对枢机主教有详尽的论述,故在此略过不提,回到核心问题上来。而且如我之前所说,法学还没有详尽地阐释基本道德德性的本质,那么为了解释勇敢,我在此简要讨论一下这个问题。

何为德性

亚里士多德说,德性即选择习惯。在《修辞学》第2卷中,他指出,一切存在物都可供选择,而良善的选择共有三种。

第 24 节　善分为哪三种,基本德性何以导源于善

善包括便利、快乐与高尚。人们可以通过选择追求或者回避善。所有德性均与这三大善有关。下面依次解释。首先看便利之善。与便利之善相关的行为有三类:给予便利,接受便利与保存便利。从人类经验看,这三类行为可以囊括一切与便利之善相关的行为。这一依据经验推导的结论在法律上也有效[118]。至于给予便利之行为,又分为两类。一是牺牲自己而为他人创造便利,二是牺牲他人而为他人创造便利。牺牲自己而为他人创造便利的人操练了慷慨与大度这两类德性,而与之相对立的恶便是贪婪、无节制、吝啬与低俗。牺牲他人之便利为被牺牲者本人创造便利的,符合公正的要求[119]。但以此为自己创造便利的,则为不公正,即为刚才所引法条的逆命题,故而也成立[120]。因为不将他人之物归还本人的行为,简单地说,是"不善的"[121]。很明显,公正是一项基本德性。若分配他人之物的人没有公正感,那么该人就是"不善的"。而与分配自有物相关的慷慨与大度这两类德性之所以不是基本德性,因为以不当的方式分配自有之物的人不能简单称之为"不善",称其"愚蠢"可能更合适。由此我们找到了一类基本德性,即公正,其与给予便利之善有关。同样,从道德德性看接受便利之行为,也分为两种情况。一个人所接受的便利要么是他自己的或别人亏欠他的,要么纯粹是别人的、不属于他的。如果一人所接受的便利属于他自己或者别人亏欠他的,但该便利不应来自该便利提供者的,他的行为便有违慷慨和大度之德性,但并未"不善"。但如果他所接受的便利原本属于他人,那么他的行为是"不善的"。因此,法律为打击这一类人提供了一些救济手段,例如禁令[122]。以及依据行为性质依照普通法与教会法对盗窃罪起诉案件与返还之诉案件所做

的解释。因此,通过考查第二类即接受便利之善的行为可以得出,公正似乎是一类基本德性。相反,慷慨与大度不是。因为与公正之人相对的,是"不善"之人,而不慷慨与不大度之人,并不能直接称其"不善"。同样,就道德德性而言,保留便利之行为也分为两类:保留自己的便利与保留他人的便利。第一种情况下,一人持有便利但不与他人分享,其违背了慷慨与大度的德性,但并非就是"不善"。但有人会说,富人若对因贫困而遭厄的穷人见死不救,便是犯下了弥天大罪。但要注意,在这种情况下,该富人保留的并非是他自己的便利,而是公众的便利,因为穷人的这种需求需要由社会提供物资救济,克雷芒(一世)对此提出了六大论证理由[123];奥古斯丁对此也有论述[124]。但如果一人所保留的是他人的便利,那么他就是"不善的",也是"不公正的",只要该保留行为违背了便利所属之人的意愿。法律也针对这种行为提供了救济(上文)。综上所述,就便利之善而言,从给予、接受和保留便利的行为中,我们得出了一类基本德性,作出违背该德性之行为的人称之为"不善之人"。所以很清楚,公正是基本德性,而慷慨与大度不是。

第二类善是快乐之善。它与德性的关系,也要分两种情况讨论。一是给予快乐,二是收获快乐。与给予快乐相关的德性,我们可以从游戏中去发现。游戏时,一方给予另一方快乐,相应的德性便是友谊,友善与诙谐。但它们都不是基本德性。对于人性而言,它们不是不可或缺的,许多伟大和有德之人在面对游戏之类的事情时都不知所措。收获快乐也分两种情况。有一些人只以享乐为目的。这种人被视为"不善之人",因为其"不加节制"。我的意思是,过度追求享乐的人是"不善的",而"感情麻木"、拒绝快乐的人并非"不善"。因此我们得出,"节制"是一项基本德性,因为不加节制的人是不善的,节制对于人类的存续必不可少。然而,也有人一心只看到悲苦。这也分两种情况。

有些悲苦之事容易点燃人内心的愤怒,故而与"温和"之德性有关。但
"温和"并非基本德性。人并非不可以生气,只不过温和一点,怒气就
不会升级为不公正的外在行为。人的愤怒转化为外在行为,这是不公
正的。还有一些悲苦之事会激发人内心的恐惧,此时,勇敢便被牵涉
其中。无法为了追求德性之善而忍耐困苦境地的人,我们称之为"不
善",因而,勇敢是一项基本德性。

　　第三类善是高尚之善,分三种情况。第一种与"有意识的"德性相
关,即理智德性,包括知识、智慧、技艺与审慎。另一种则关涉"诠释性
的"德性,即与真假问题有关。第三种与"欲望"德性相关。

　　首先看第二种类型,即关涉诠释的德性。我认为,"诚实"这一关
涉诠释的德性不是基本德性,因为"诚实"并不一定称之为"善",而与
诚实相对的恶也不一定就是"不善",更多的是"浮夸"而已。但浮夸者
也分为三种。有些人是纯粹的浮夸者,仅以浮夸为乐;有些人浮夸是
为了名誉;还有些人是为了利益。第一类纯粹的浮夸与诚实相对,另
外两类涉及不同的恶。第一类人有罪仅仅因为其虚伪,但虚伪也分两
种。一种是纯粹的虚假表示,这一类虚伪直接与诚实相对;另一种是
以欺骗为目的的虚假表示,这一类虚伪则是"不善的",属于不公正行
为。奥古斯丁在《论说谎》一书中谈到了这两类以及其它类别的虚
伪。[125] 还有一种高尚之善与欲望德性相关,也分为两类。有一类欲望
德性对于高尚之善而言"不可或缺",如我在上文提到的几类道德德
性;有一类对于高尚之善具有"重大意义",例如与追求荣誉与财物相
关的"大度"与……[126] 这两种德性。但它们都不属于基本德性,许多
有德之人并不渴望获得他们应得的荣誉。与高尚之善相关的"有意识
的"德性是一些理智德性,包括知识、智慧、技艺与审慎。前三类不是
基本德性,它们并不是人类生活所必不可少的。审慎则不同,它对于
求善之人而言至关重要。毕竟,不审慎之人不可能是有德之人,审慎

能够控制其他德性。

综上所述,勇敢是一项基本德性。基本德性共有四种,可以从人们追求或回避三类善的过程,联系灵魂的三类德性推导出来。它们分别是公正、节制、勇敢与审慎。其中,审慎不仅是一项基本德性,更在四类基本德性中高居首位。

以上的讨论或许有些偏题,但还是请读者诸君原谅,因为一开始本就没有打算只通过法学家的观点来阐释勇敢的本质。

第 25 节 战时人如何以及在何种意义上才能被称为"勇敢"

下一个问题,一个未曾在战争中经历生死考验的人能否被称为"勇敢"。答案似乎是肯定的。如前所述,勇敢对于人类的"善"必不可少,属于一项基本德性。即便没有经过战争磨砺,人的"善"也是可以实现的。因而根据合取原则,该论点成立,且在法律上有效[127]。从上一节问题讨论的引文可看出,这一点是很清楚的。西塞罗也曾说,勇敢意味着直面危险、忍受困苦。但即便没有战争,这些也能实现。因此,通过推翻其它结论,该论点成立,且在法律上有效[128]。亚里士多德在《伦理学》第 4 卷提到相反的观点,也因此士兵的誓言中包括一条不得贪生怕死的承诺[129]。

为了弄清楚这个问题,我们需要知道,勇敢一词通常用来概指思想的坚定不移,而且这一点是所有德性共同的品性。思想不坚定会招人指摘,也会招致法律的谴责。[130]因此,从这个意义上来说,未经历作战危险的人也可能具备勇敢的品质。然而,从严格意义上来说,勇敢是一种特殊的德性,其激发人们为了避免丧失荣誉,在直面危险时从容淡定。与其相应的"不善"表现在三个方面:受伤有害"便利";痛苦有害"快乐";耻辱有害"高尚"。然而,灵魂中的高尚之善优于便利与快乐之善,正如理性灵魂优于身体一样。[131]因此我们便得出结论,人要成为良善和有德之人,必须具备三种道德德性:第一类是公正,其帮助人坚定思想,使人追求高尚更甚便利。[132]第二类是节制,其帮助人增强意志,使人偏爱高尚更甚快乐。[133]第三类是勇敢,其帮助人增强忍受苦难的意志,远离羞耻之恶。[134]这种勇敢的品质也就是本文所讨论的勇敢。这三类都是基本德性,这一点无可厚非,因为它们对于人类求善而言至关重要。它们当中每一类德性不仅能独立与恶对抗,还能在对抗恶的过程中互为助益。例如,为了维护自己的荣誉,受到感情承诺诱惑而企图通奸的妇女通过节制保护自己[135];如是受胁迫的,则可凭借勇敢的德性与恶对抗[136];如是受物质诱惑的,则以公正的德性与之对抗[137]。勇敢也可以通过这种方式来说明。因为如果她是因为恐惧而犹豫,那么她需要保持勇敢[138];如果是因为受到感官享受的诱惑,那么她需要节制[139];如果是追求物质回报,那么她需要以公正之心与之对抗,出卖高尚与出卖灵魂之善一样,都是不公正的[140];如果是因为受到欺骗,那么她需要保持审慎。因此,在基本德性中,公正帮助其增强意志,优先选择高尚而不是便利;节制帮助其优先选择高尚而不是快乐;而勇敢,帮助其坚强地忍受苦难,从而维护心中的善,驱散耻辱之恶。然而,审慎能够调整其它三类德性,故而,也必须纳入基本德性的范畴。

第26节　还需注意,战争分为两种形式

战争的一种形式是一方或另一方发动战争行为[141]。战争发动的另一种形式是预见有人身危险,即便没有出现现实的攻击行为,但只要存在有抵抗之可能的危险,战争即成立。反之,无抵抗之可能的危险不导致战争的发生,例如绞死抢劫犯或将任何有罪之人绳之以法的行为都不是战争。

如果认为战争必须存在一方或另一方发动的实际攻击,而勇敢

仅仅关涉这一类危险,那么它便不能称之为基本德性,因为许多有德之人并没有经历过作战危险的考验。然而,如果我们以第二种方式理解战争,那么勇敢便可以与一切作战危险产生联系,就像我们之前所举的例子中,妇女为了保护自己的贞洁,也面临着一定的危险。如果将战争视为第一种行为,那么就该妇女的遭遇而言,战争的说法并不成立。相反,如果从第二种意义上定义战争,那么勇敢作为战时基本德性的说法便成立。但必须注意,并非一切作战危险都能够与勇敢这一德性发生关联。一个人为了保护自己而攻击敌方的,不能称之为勇敢;否则按照这种说法,狗也是勇敢的,也有勇敢的品质。但如果一个人在面对作战危险时,为了避免羞耻之恶而抗敌的,我们称之为勇敢。因此亚里士多德说,基于必然性驱使的行为,不能谓之勇敢。[142]因此对于勇敢是否只在战场上面临死亡危险时才表现出来这一问题,我们能够得出结论;我们必须说,答案是否定的,有妇女的例子为证。但从另一方面说,极端勇敢的行为是在面临死亡危险的时候才出现的,因为德性正是体现在危难之时。另外,至于勇敢是否促使我们在面临死亡危险时迎难而上,答案是肯定的,因为德性能够帮助人打破自己力量的极限。[143]

第 27 节　作战时首要的勇敢行为是什么?

但我要接着问,士兵在作战之时,勇敢这一品质最主要体现在哪种行为上? 等待敌军还是发动进攻? 答案似乎是发动攻击。首先,如亚里士多德在《伦理学》第 2 卷有关"慷慨"的论述中所说,给予比接受更加具有德性。《德训篇》第 4 章中也说:"切莫受时两手伸出,回报时应两手紧闭。""施比受更有福"。[144]因此,通过类推,攻击比等待更具有德性,因为攻击者是施方,等待者是受方。而且,如亚里士多德所说,主动做好一件事比接受好一件事更具有德性。因为不论就何种德性来说,一般情况下,施比受更好。因此,主动做好一件事优于接受好一件事。依据连接运算的规则,该结论成立,在法律上有效。[145]攻击者先发制人,占据主动,而等待者受制于人,消极被动,故而攻击比等待更具有德性。其次,主动做好一件事优于不做坏事。但我们并不能够因此完全地摒弃恶,除非我们同时也做善事。做善事旨在实现良好的目的,而行为正是通过其目的进行衡量,目的能够为行为正名。通过目的论证,该结论能够成立,在法律上有效。[146]攻击意味着积极进取,而等待意味着消极自保,也就是,不逃跑。因此,攻击比等待更有德性。再者,行为越艰难,越有德性。例如法学仅对有争议的难题进行解释。[147]攻击比等待更困难。疲乏之人可以等待,但没办法攻击。此处的大前提已经由亚里士多德在有关"勇敢"的论述中论证过了,勇敢行为与艰苦困难之间的关系尤为密切。另外,越讨人喜欢的行为,越有德性。如亚里士多德所言,合德的行为在本质上都是受人喜爱的。[148]而与候敌相比,攻击行为更受欢迎。它能为国家社稷带来更多益处,而就同一类事物而言,量多比量少更好。[149]驱散敌军比等待敌军发动攻击的好处更多。最后,越值得赞赏的行为越有德性。按照规矩,出击者比逃跑者更值得赞赏。但亚里士多德在《伦理学》第3卷有关"勇敢"的论述中提出了相反的看法,他指出忍耐是一种更伟大的勇敢。阿尔伯图斯与库斯特拉提乌斯也同意他的观点。

为了论证这一问题,我们需要注意,健全的理性告诉我们,并不是任何时候发动攻击都是好的,逃跑和等待也是一样。有时候更适宜攻击,有时候更适宜逃跑,有时候最好等待。因此,勇敢行为似乎分为三种:攻击,逃跑与等待。勇敢的人有时候应该理智地逃跑,因为不论何人,在遇到非自己一人力量所能及的危险时都应该逃跑。如果一个人打算独自攻击一千人或等待他们的进攻,那么这不是勇敢,而是鲁莽和轻率,正如上面提到的那位哲学家在同一篇文章中所指出的那样

(指前段提到的亚里士多德《伦理学》第3卷有关"勇敢"的论述——译者注)。因此,勇敢行为的确表现为三种:攻击,逃跑与等待。而三者之中,逃跑的行为是勇敢程度最低的一类。因为越容易的行为,对德性的要求越低,技艺与纪律体现在有难度的事情上。逃跑与等待和攻击相比而言,难度最低,因此(略过)。而且,与更为严重的恶越接近的行为,对相应德性的要求也越低。这是从极端的角度进行论证,在法律上有效。[150]逃跑与恐惧相近,而恐惧是比鲁莽更严重的恶——那位哲学家在同一篇文章中也指出了这一点。

相比,等待更为重要。既然以正确的方式行善比以正确的方式接受善更有德性,那么,以正确的方式忍受恶比以正确的方式行恶更有德性。这一结论依据对立原则得出,在法律上有效。[151]攻击者是向被攻击者正确地行恶,而等待者是以正确的方式忍受攻击者所行之恶。而且,越艰难的行为越重要。这一点已经无数次被证明了。等待比攻击更艰难。因为攻击一般由强者发动,而且有撤退的希望。如果不存在撤退的可能,那么正确理性不会向人发出攻击的指令。至于等待,一般是弱者等待强者的攻击。很明显,在强者面前做出好的表现比在弱者面前更困难。在等待的过程中,等待者陷于巨大的恐惧之中,身心备受煎熬。相比而言,攻击者所面临的恐惧更为轻微。因此,略过。

再者,等待与忍耐需要耐心与恒心。就良善的事物而言,持续时间越长的越好。[152]相反,攻击反映的是一种因愤怒而生的短暂的冲动。[153]

另外,等待者必须直面死亡威胁,故而艰难可怕。[154]因此,略过。

因此,我们推断,等待是一类更重要的勇敢行为,尽管见识寡陋的愚夫愚妇们不会这么认为。但是,此处我说逃跑是一种勇敢行为是否与我之前在论述将领与士兵义务的文段中说的"士兵须遵守誓言,不得逃跑"的说法相矛盾呢？答案很明确，我在上文其实已经谈到了。当所遇危险非一人之力量所能对抗时，该士兵应该逃跑[155]。相反，如果所遇危险可以通过一人之力对抗，而且多少有一点成功的希望，那么他不应该逃跑。对于上文提到的一些持相反观点的说法，如果我们一一考证的话，答案其实也很清晰。但必须补充一点，即比起等待的做法，一般民众更乐意接受主动攻击。因此亚里士多德在谈到这个问题时曾指出，没有什么能阻止雇佣兵在国家中比勇敢者发挥更大作用，这些雇佣兵出生入死、以身家性命博取微薄之酬金，逃逸和攻击都全无理性命令的指示，反之，勇敢者是不会逃跑或攻击的，除非有理性的命令。

战场上能表现出多少种勇敢？

那么，战场上所表现出的勇敢分为多少种呢？答案是，一共有六种，体现在士兵身上，但都只与真正的勇敢——一种处于蛮勇与恐惧之间的道德德性——近似。

第一类勇敢激发人为了荣耀与荣誉而奋勇击敌，因为一般人赞赏勇者，而指责弱者。[156]

第二类称为"政治性勇敢"，即士兵因为害怕受到体罚或金钱处罚而英勇作战。胆小之徒以及逃跑人员将被处以此类体罚或金钱处罚。这一类勇敢之所以称之为"政治性的"，因为这种勇敢在公民身上也能找到，这种勇敢是盲从的。[157]

第三类称为"军事性勇敢"，即士兵因为了解战争的技艺所以勇敢，如条顿人及其他专职雇佣兵。经验教人如何把控场面，因而激发了这一类勇敢。[158]而且，如亚里士多德在有关"勇敢"的论述中所说，雇佣兵与其他人的对战就好像全副武装之人与手无寸铁之人之间的对战。他们随时做好了进攻与撤退的准备。但现如今，他们没有以前恋战了，按照他们自己的传统，只要举起一根手指，摘下面甲并且投降,就可以立即撤离战场。

第四类勇敢由愤怒激发。愤怒促使人冒险,这一点在战场上有时是很有用处的,因为愤怒让人变得更大胆。因此,一时的愤怒激发了这一类勇敢。[159]

第五类勇敢源于希望。有些人在战场上全力以赴,是因为他们希望获胜。他们内心对权力的渴望压制了理性。[160]

第六类勇敢源于无知。士兵有时候在不了解即将面临的危险的情况下出击或者等待敌人出击,而一旦他们对情况有所掌握,一定会逃跑。在这种情况下,士兵就是一个婴儿,不明白自己在干什么。[161]

这六类勇敢常见于战场上的士兵。但如果你想知道哪一类与德性最为接近,那么首先你要清楚,它们都只不过是与真正的勇敢近似。真正的勇敢与所有其他的德性一样,必须体现在自觉行为上。因无知而作为的人谈不上德性问题,因为审慎作为一种智思状态,必须控制每一个德性行为。其次,德性必须是被选择的结果。第三,德性是一种基于内心的善而不是外在的善而作出的选择。第四,德性行为必须坚定且持续。第五,德性行为必须是行为人乐意实施的行为。第六,该行为必须有难度,因为有难度的事情才需要技艺。具备以上这些特征的行为,才是真正的勇敢行为,不论该行为是进攻还是等待可怕而艰难的情况降临。至此,我们也能知道哪一类与真正的勇敢最为接近。在"自觉性"这一点上,除了最后一类,前五类勇敢都与真正的勇敢相似,故而就自觉性而言,最后一类与真正的勇敢相差最远。在"慎重选择"这一要求上,除了因愤怒而起的勇敢以外,其他五类都符合。然而,对于真正的勇敢必须是"基于内心的善而作出的选择"这一要求,以上六类全都不满足。第一类是基于外在的善即荣誉而作出的选择;第二类基于避免处罚的考虑;第三类是为了利益与报酬;第四类源于对胜利的渴望。然而为了追求荣誉而激发的第一类或"政治性勇敢"与真正的勇敢更为接近,因为它的目的更高尚。荣誉对于德性而言意义重大,而追求荣誉的人对公益有更多的贡献,因为他们在战场上比其他人更加骁勇,例如亚里士多德所例举的赫克托耳。

第28节　战场上的勇者应该坐以待毙还是撤离?

那么接下来的第三个问题:在撤离战场能够避免死亡的情况下,战场上的勇者是应该坐以待毙还是撤离呢? 答案似乎是不应该待毙,人应该选择能够带给自己更多快乐的事情[162]。而生比死更令人快乐,因此,应该逃生,而不是坐以待毙。但亚里士多德在《伦理学》第3卷有关"勇敢"和"自愿与非自愿"以及第4卷有关"大度"的论述中提出了相反的观点,他认为人宁可死,也不能作出不光彩的行为。

为了找到这一问题的答案,我们首先要明白,这一问题可能存在双重理论基础。第一个基础与真理和信仰有关,基于我们对幸福往生的信仰。在这个基础之上,问题的答案不容置疑。在与异教徒作战的过程中,如果信徒选择逃跑会造成许多其他信徒丧生,那么他应该选择待毙。因为如果逃了,他只是赢得了身体生命;但如果他留下来迎接身体的死亡,他便可以获得灵魂生命。毫无疑问,后者更加崇高,故而是恰当的选择。

第二个基础与遵照自然法生活的人有关,他们不相信有第二次生命。基于此,对于本文的问题,存在许多不同观点。有人说,接下来的死亡也有很多种情况。第一种情况,如果该士兵留下来了,那么他必死无疑,只有逃跑才能保住性命。第二种情况,尽管性命堪忧,但即使不逃跑,也有生的希望。他们认为,如果是第二种情况,该士兵应该遵照亚里士多德与其他哲学家的教诲选择死亡,也就是像男人一样战死。但如果是第一种情况,他们绝对不应该等死。两权相害取其轻[163],这是伦理学基本原则。而逃跑与待毙相比,属于轻者,因为给良善之物造成越小损失的事情害处越小。死亡能够毁灭一切。[164]而逃跑后所失去的,只不过是道德上的勇敢。因此,略过。其次,如果死亡是更佳选择,那么这一选择死亡的行为必须是道德行为。但这一点是错误的,因为道德行为要么带来幸福,要么是为了幸福。而死亡只能将幸福毁灭。因此,略过。另外,如果该士兵选择死亡,那么其动力一定是勇敢。作为一项道德德性,它促使人作出这类选择。但这一点也不成立。因为道德德性不以毁灭自然为目的,而是为了自然的存续。也正是为了这一目的,人类才制定了法律。[165]然而死亡带来毁灭。[166]再者,如果该士兵选择死亡,那么他一定是出于为了自己或为了他人的考虑。然而,死亡不能给他自己带来任何好处,因为正如上文所说,死亡摧毁一切良善之物。同样,他也不能给其他人带来好处,他能为其他人赢得的善不可能超过他自己因为死亡而失去的善,因为他必须爱自己胜过其他人。[167]因此,结论成立。以往德行最高的士兵通常都有在战场上不以牺牲真理和信仰为代价而撤逃的经历,如查理曼大帝时期的士兵。

其他人持相反观点,即该士兵应该待毙而不是逃生。他们认为,每个人都知道自己人生的终点是死亡。因此,如果该士兵英勇战死,那么他所失去的只不过是一个在将来以不同方式死去的机会。但是,无论是现在还是以后,他因死亡而失去或维护的合德之良善之物都没有差别,只不过存续时间长短不一样罢了。另外,他们认为人应该选择可以令其获得更多良善之物而损失更少良善之物的行为。因此,略过。这一点可以这样证明,即如果该士兵战死,意味着他的意志是勇敢的,而勇敢是十分高尚的品质。但如果他逃跑了,他便一无所得,除了延续他之前已经享有过的生命,也就是时间。而可以肯定的是,在身体的快乐这一问题上,人应该宁可短暂地快乐生活,也不要长久地在苦痛中度日。因此,从灵魂的快乐来看,该士兵应该选择待毙。

　　我赞成第一种观点，正如前文所说，勇敢行为分类攻击、逃跑和等待三类。一个人不能总是选择攻击、逃跑或等待，他应该听从理性的指令。

第29节　违抗将领命令，英勇地率领战友进攻敌军并彻底打败敌军的士兵是否须处死刑？

　　第四个问题。假如军队将领下令任何人不得进击敌军，违令者死。而某一位特别活跃的士兵率领着一大批战友违抗军令，向敌人发起猛攻并最终击溃敌军。那么问题出现了：这位士兵是否应被处死？答案似乎是肯定的。本文也提到过，战时作出将领禁止之行为或者违抗将领命令的，处死刑，即便该行为最终结果是好的。[168]法律也有规定，有服从义务而不服从的，须承担法律责任。[169]因此，恶行不因其结果良善而得到宽恕。[170]行为不应通过其结果进行评价[171]因此，针对此案例，需要考虑的不是最终的良好结果，而是士兵之前的不服从行为。

　　也有人持相反意见。他们认为，因试图实施违法行为或违抗君主命令而应受处罚，但精明强干、贡献巨大的，可以赦免。[172]

　　我听闻理查德·马兰布拉主教曾经裁定，依照"ad bestias"而被判处刑罚，但能力优异的，可免除处罚。[173]但我不这么认为。首先，这种说法明显与战时的规定[174]相抵触。所提到的法条也并不能证明他的观点。行为人不因违反法律规定或某人的命令而受处罚是一回事，而行为人在被判处处罚之后得到君主的赦免是另一回事。其所引法条并不能证明行为人的行为没有遭致处罚，只是证明了该处罚可以得到君主的赦免。因此，如果我们仔细琢磨其所引的两处法条，便可得知他们其实已经推定该行为会遭致处罚。

第 30 节 被敌人擒获的将领能否给予赦免?

第五个问题:假如作战时将领被敌军俘获,其能否得到赦免,还是说,必须受到处罚? 依照〈禁令〉[175]结尾部分的说法,似乎给予赦免是正确答案。"坚持作战和抗敌之人已受暴力之苦,因而对于战败或被俘之人,应给予赦免"。〈论卓越〉[176]结尾部分也中指出,人应该宽恕自己的敌人。"正如我们应该严厉惩处拒不服从之人一样,我们应该宽恕手下败将和悔罪之人"。

有人提出不同观点,他们称战犯将变成敌军的奴隶。[177]

我同意第一种观点,即应该赦免降服且不继续抵抗之人,除非有扰乱和平之虞。〈禁令〉末尾处提到:"尤其是在不会扰乱和平的情况下。"胡果里努斯执事长解释称,此处的"尤其"应作"只有"解,因而原文的意思应该是没有扰乱和平之风险的,应该给予赦免;反之不然。也正是基于这条理由,查理才下令斩杀康拉丁。

第 31 节 有义务参战与不基于义务参战之人

接下来,第四大部分我们开始讨论基于义务参战与不基于义务参战的几类人。

领主发动合法战争时,封臣是否有义务自费参战?

首先,第一个问题,如果领主发动了一场合法战争,他的封臣是否有义务自费准备武器与车马助战。答案似乎是肯定的,因为他们的效忠誓言规定其有义务帮助领主。[178]但英诺森(三世)[179]提出,封臣没有义务向领主提供个人服务,因而封臣没有义务自费助战,除非他们之间存在特殊协议。总结一下,该观点认为,封臣依法不承担〈论程式〉[180]中所规定的义务之外的其他义务,其与领主之间有特殊协议的除外。

第32节　男爵向君王开战的，男爵的仆从是否有义务帮助男爵对抗君王？

第二个问题，假如西班牙某男爵向西班牙国王开战，且命令其所有仆从随他作战，那么其仆从是否有义务帮助其对抗国王？毕竟，仆从都曾发誓协助男爵，保卫其不受任何攻击的伤害。如此看来，仆从似乎有义务参战，因为不守信用是一件严肃的事。[181]另外，概括性词语应该从广义上理解。[182]再者，誓言是具有法律约束力的，除非对方免除其遵守誓言的义务。[183]然而，答案其实是否定的，因为男爵向国王开战，触犯了《关于叛逆罪的尤利亚法》。[184]因为西班牙国王是西班牙王国领域内的君主。而且，帮助他人犯罪根本不能帮到他人[185]，男爵的命令并不能作为他们逃脱罪责的借口[186]。另外，仆从效忠的誓言并不包括这一类事件，因为誓言在本质上不是一份不公正的契约。[187]

第33节　男爵向另一男爵开战，而君王也同时向另一君王开战的，仆从是否有义务先帮助男爵？

第三个问题，假如西班牙某男爵向另一男爵开战，而同时，西班牙国王也向格拉纳达国王开战。该男爵命令仆从助其击败另一男爵，而西班牙国王也命令同一批仆从助其对抗格拉纳达国王，且男爵与国王的命令同时到达，那么仆从应该先帮助哪一方呢？

似乎应该先帮助男爵，因为不管从效忠誓言来看，还是从司法权来看，他们都受命于男爵。[188]而他们受命于国王，仅因为国王享有一般司法权。因而，两点理由胜过一点理由。[189]

相反的观点是，国王的司法权高于男爵的司法权，故而仆从应该首先回应国王的召唤。[190]另外，国王召唤他们，是为了公众利益，保卫王国，因而按照万民法，他们有义务服从。[191]为了保卫国家，杀害自己的父亲都属于合法行为。[192]因此，后一种观点正确。

第34节 两位领主同时召唤对其不负有直接效忠义务的封臣参战的,该封臣是否有义务同时向双方提供帮助,抑或只援助其中一方?这一方又是哪一方?

第四个问题关系到对两位领主不负有直接效忠义务的封臣,因为分属不同的封地可能导致这种情况。[193]如果这两位领主在同一时间要求该封臣助战,那么该封臣是必须同时接受双方的要求,还是只援助一方即可?若只援助其中一方,那么又是哪一方?

一种观点是,两方都不帮。两个请求因同时发生而相互抵销。[194]

另一种观点是,两方都要帮,否则该封臣会失去封地。承诺方因困难无法履行义务的,并不导致义务的免除。[195]再者,一人同时身兼二职是可能的。[196]也有人认为该封臣可以自行选择,道理类似于同侍二主的奴隶。当两位主人同时面临生命危险时,奴隶可以根据自己的喜好选择营救哪一位。[197]也有人认为他应该帮助他率先起誓效忠的领主[198],因为他有义务对较早的一方效忠[199]。

然而,更可靠的做法是,他亲自援助其率先起誓效忠的领主,而派一名代理前往援助另一位领主,当然,如果其领地的性质允许这种做法的话。[200]这样,也不需要理会他因为援助后一位领主而妨碍其效忠前一位领主——因为该封臣不负有直接效忠义务。通过派遣代理人援助后一位领主,不会对其履行效忠前一位领主的义务造成影响。

第35节 封臣是否有义务协助领主对抗其父或其子?

第五个问题,封臣是否有义务协助领主对抗其父或其子?〈论程式〉[201]注解部分提到这个问题,并认为该封臣有义务。父与子之间只是血亲关系,而封臣与领主之间依靠效忠誓言维系(〈程式〉一章)。〈论如何为封地命名〉[202]一章证明了这一点。然而,〈论服兵役〉[203]一章的诸解部分似乎倾向于相反的观点。我认为要解答这一问题,还需要考虑该协助行为的性质。

同属两国的公民是否有义务协助一国攻打另一国？

第六个问题，同属两国的公民是否有义务协助一国攻打另一国？答案见上文对同时效忠两位领主之封臣义务的讨论。

第36节　领主远赴海外进攻野蛮部落的，受召封臣是否有义务追随领主？

第七个问题，领主打算劳师远征，比如远赴海外攻打野蛮部落的，受召封臣是否有义务追随其作战？分两种情况，如果该领主及其前任经常远行征伐，且其封臣也经常随同其作战，那么该封臣有义务追随领主。这与自由人的道理是一样的，自由人有义务提供一般性服务。[204]但领主须支付一笔合理补贴费用。如果该领主没有远行征伐的能力且并没有远行征伐之传统的，那么该封臣不负此义务。[205]

第37节　奴隶是否有义务追随其主人四处作战？

第八个问题，奴隶是否有义务追随其主人四处作战？毫无疑问，答案是肯定的，主人对奴隶享有绝对权力，只要他的行为不过度残忍。[206]

第38节　自由人是否有义务应召随其恩主参战？

第九个问题与自由人有关。答案是，自由人有义务提供一般性服务，非一般性服务不在此列。[207]

第39节　农民是否有义务应召随地主参战？

第十个问题，农民是否有义务应地主之召，随其参战？农民分为"隶农"与"佃农"两种。经书面契据而依附于土地的农民称为隶农。

该书面契据共两类。一类用于确立身份,一类用于证明身份。通过第一类契据,隶农向地主承诺与土地永久不分离;通过第二类契据,他们承认自己作为隶农的身份[208]。隶农与奴隶基本上没有差别。[209]我说"基本上",是因为他们有一点不同,即奴隶主可以选择向奴隶转让特有产[210]。而隶农只能接受土地的转让。[211]另外,即便未经过地主的同意,隶农也有权占有其所隶于之土地[212],而奴隶不可。而且,隶农在地主知晓且默许的条件下结婚以后,其地位不会改变[213];而奴隶在地主知晓且默许的条件下结婚的,其奴隶关系终止[214]。因此,地主对隶农所享有的权利与隶农占有其所隶于之地有关。职是之故,地主召唤隶农处理额外的私人事项的,隶农没有服从义务,双方就该事项达成特殊协议的除外。相比之下,佃农仅在每年度提供特定服务。[215]他们与隶农的区别在于,隶农有义务提供不特定服务,例如第三次或第四次农收,而佃农仅提供特定服务。故而无论是隶农还是佃农,都不负有应地主之召随其参战之义务。

第 40 节　领主可否召唤盟友助战?

第十一个问题,领主召唤其盟友助战,盟友是否有义务援助?盟友享有绝对的自由,他们只需履行经双方约定的义务。[216]在有约定的情况下,还必须严格斟酌与推敲协议内容与协议形式。[217]

第 41 节　仅因司法权而隶属之人是否有义务参战?

第十二个问题与仅因司法权而隶属之人有关,不包括封臣。答案是,他们必须参战,而且不得起诉要求补偿损失,因为参战是他们的义务。存在例外情况,有些人因私人事务,年龄,如未成年人和老人[218],身体状况[219],家里小孩的人数[220],职业[221],性别,如女人等可以不参战。

第42节　没有义务而自愿参战之人

上文讨论了一些因负有某种义务而参战的情况,接下来我们考虑不负有任何义务而受召参战的人,我们将范围只限定在没有必要,也没有义务加入战争的人。他们有些人仅出于慷慨;有些人是为了还人情;有些人希望在战场上赢得荣耀;有些人作为雇佣兵出租服务,当然,如果这可以作为一种租赁合同的话;有些人希望从中捞取一点战利品,就像两只手不停地扒着战利品往麻袋里装的"萨卡曼尼人"一样。首先让我们看第一类人,即纯粹自愿参战的人。

受助者是否对自愿参战者负有责任或义务等?

第一个问题,自愿参战的人因作战而遭受损失的,比如在作战,甚至在奔赴战场或从战场撤离期间遭受武器、车马等损失或被敌军俘虏的,受助者是否应对此负责? 首先要区分,有些自愿参战者在决定参战前受到其领主召唤,而有些是在未经召唤,完全主动参战的。如果受召后同意参战,那么他们与领主之间便产生了委任合同关系。参战者遭致损失的,可对领主提起"委托合同之诉",因责任感、人道考虑或参战者与领主之间存在私人关系的除外。[222]如果有人辩称领主并不对损失承担责任,因为该损失是因意外事件而起,而任何人都无须对意外事件负责[223],那么可以以此反驳:该意外事件其实是可以也应当预见的,因为战争有引发此类意外事件的可能,战争是没有定数的[224]。

第43节　借用车马与武器在战争中灭失的,借用人是否向出借人负有偿还义务?

第二个问题,借用他人车马与武器参战而在战时导致车马与武器灭失的,借用人是否负有偿还义务? 乍看之下,借用人似乎应当偿还,道理同于上一个问题,该车马与武器的灭失是可以预见的。然而,按照英诺森的说法,答案其实是否定的。借用人的行为并没有违反合同条款,他仅按照合同约定之方式使用该车马与武器,因此他无须承担责任。[225] 就"委任保管"关系而言,如果委托人事先知道该委托保管物有可能灭失的,他便默认了"委托合同之诉"是不被支持的,因为这与合同性质直接相关。当然,双方另有特殊协议的除外。

第 44 节 租用车马与武器在战争中灭失的,租用人是否向出租人负有偿还义务?

第三个问题,如果是出租车马与武器的呢?租用的车马与武器在战争中灭失的,出租人可否起诉租用人?道理与出借人的情况一样。出租人无权对租用人提起诉讼,因为租用人使用车马与武器的范围并没有超过合同所约定的范围。[226]

第 45 节 受召赴战而在赶赴战场途中遭遇抢劫的,召唤人能否向抢劫者提起返还被抢劫财产之诉?

第四个问题,如果受召赴战者在赶赴战场途中,武器、车马及其他财物遭遇抢劫怎么办?我之前提到,委托人须对受托人的损失负责,那么受托人能否向抢劫者提起"暴力抢劫财物之诉"或者指控其偷盗呢?答案似乎是肯定的,因为既然受托人可以向委托人提起"委托合同之诉",那么委托人的利益受到抢劫者的抢劫行为的影响。但是,答案其实是否定的。召唤人无权向抢劫者提起此类诉讼。"暴力抢劫财物之诉"的原告只能是被抢劫者。[227] 因为"暴力抢劫财物之诉"或者对盗窃犯提起的诉讼只能由财产的所有人,占有、留置该财产,或者对该财产享有权利的人,例如已经达成质押协议但财产尚未到达其手中的质押权人等提起。[228] 因此,只有被抢劫者有权提起此类诉讼,而且他们作为受托人,有权向委托人提起"委托合同之诉"。委托人在履行赔偿义务之后,可以要求受托人让与起诉抢劫者的权利,并基于该让与之权利,以诉讼代理人的身份向抢劫者提起诉讼。[229]英诺森(三世)[230]也持这一观点。

第 46 节 受助者对未经召唤而自愿参战者是否负有责任?

第五个问题讨论未经召唤而自愿参战的情况。如果该自愿参战者是出于馈赠的考虑帮助作战者,例如出于责任感,人道考虑或者二者之间的私人关系而参战的,那么答案很明显,他不能起诉受助者。[231]但如果该自愿参战者在决定参战时,抱有希望受助者对其损失负责的意图,那么只要帮助行为已经开始,他便可以向受助者提起"代理之诉"。[232]

第 47 节 不顾受助者的反对和制止,仍然未经召唤而自愿参战且已经开始备战的,受助者是否对其负有责任?

第六个问题,如果受助者曾明确拒止该自愿者参战,而该志愿者不顾受助者的意愿,执意参战呢? 如果该自愿者已经开始备战且最终顺利提供协助的,其遭遇损失后是否有权起诉受助者? 似乎可以,道理与从倒塌的房屋里救出轻生的人一样。[233]再者,他人可违背当事人的意愿使其受益。[234]而且,禁止他人帮助自己的行为似乎可以认定为精神失常的行为。[235]于是该法条注释部分指出,医生可以违背患者的意愿为其治疗。[236]然而,我认为此种情况下,受助者无须负责(参见"代理之诉"最后一条法律规定)。但我并不反对注释部分的说法在医生与患者的关系上成立,因为不希望得到彻底治疗的患者被推定为精神失常。但禁止他人助战不能推定为精神失常,他有可能不相信对方,怀疑对方可能背叛自己。而且回到医生与患者的关系上,注释部分对于急切地希望自己尽快痊愈,而希望更换医生人选的患者也不成立。因此在我看来,注释部分不能适用本节的问题,以上所引的文段也不能证明这一点。

对于自愿参战情况的讨论到此为止。

第48节 因有必要偿还人情而参战的人是否可以起诉受助者?

接下来我们讨论因为有必要偿还人情而参战的情况。这些人有可能在以前接受过受助者同种形式的帮助或其他援助。他们如果在战争中遭受损失,是否可以起诉受助者呢? 为了偿还人情而参战,意味着他履行了一种"自然债务",然而,该"自然债务"不得转化为"民事债务",也不得在诉讼中作为"抗辩"使用。[237]因此我们推定,该人并不意图使受助者承担责任,因为一贯的做法并不产生合同的效力[238]。如果有人辩称,根本没有必要认为该人履行了债务,因为二者之间根本没有产生可以由此提起诉讼或提出异议的债务。既然不存在债务,也就谈不上履行债务。[239]我认为,虽然二者之间不存在可以由此提起诉讼或提出异议的债务,但如我之前所说,此种存在"自然债务",该"自然债务"通过偿还人情而得以履行(刚才所引法条。既然是为了履行债务,也就不存在创立债务的意图,而意图是债务成立的必要条件。[240]

第49节 为了赢得荣誉而参战的人

接下来讨论为了赢得荣誉而参战的人。

受助者是否对此类人负有责任?

受助者是否需要对此类人负责呢? 如果他们仅以荣誉为目的而参战,那么受助者无须承担责任。对于受助者,协助一方只可以提起"委托合同之诉"或"代理之诉"。我们所谈论的情形不存在委托关系,故而不得向受助者提起"委托合同之诉";同样,因为不存在事前的委托关系,故而"代理之诉"也得不到支持。有人说委托合同也可以过失或故意的不法行为由而提起,但存在事前的委托关系也是必要条件。[241]其实,"委托合同之诉"要求存在事前的合同关系这一说法更加准确,正如我在论述"无名合同"时指出的那样,而且罗马法经典文献也持同样观点。[242]同理,"代理之诉"也不成立,因为协助一方在选择参战时,并不意图干涉受助者的事务,而只是为了实现他自己的目的(尽管为了实现他自己的目的,必然要干涉受助者的事务)。故"代理之诉"也得不到支持。

第50节   出租自己、作为雇佣兵参战的人

接下来讨论雇佣兵,即以双方协定的酬金为报酬,主动参战的人。

此类人是否可以起诉雇主?

这类人可以起诉雇主吗? 雇佣兵与雇主之间的关系是"雇佣租赁合同"关系,因此,如果雇主仅将雇佣兵用于双方所协定的用途,那么雇主不承担责任[243],双方另有特殊协议或者存在相反惯例的除外。例如在意大利,雇主须依法向雇佣兵赔偿其战争期间损失的马匹。

第51节   为掳掠战利品而参战的人是否可以起诉受助者?

对于为掳掠战利品而参战的人,他们不享有起诉受助者的权利,这一点毫无疑问。以不正当目的所进行的交易不在当事人之间产生法律义务。[244]

第52节   神职人员是否可以参战?

下一个问题,神职人员是否可以参战。格拉提安就这个问题作了规定。[245]但众人意见不一。有人说神职人员可以使用防御性武器,但不得使用进攻性武器,因此可以参加防御性作战。也有人说他们可

以使用任何一种武器,但在拿到武器后必须立即作出攻击,且只能用于迫切的、必要的自我防卫,不得用于保护他人。[246] 可以通过其他方式逃脱危险的,不得使用武器。[247] 还有人说他们只能在经过教皇许可之后才可以参战。甘杜尔弗斯认为,他们不能亲自参战,只能(通过想象)间接体验战争。格拉蒂安似乎也持相同观点。[248]

综上所述,神职人员经教皇召唤的,可以参战,因为教皇有开战的权力。[249] 但在作战过程中,为了避免"规律失衡",他们不能杀生,异教徒也不例外,但他们可以鼓励他人战斗,甚至还可以在不伤害对方的情况下,向敌方扔掷石块或其他物体。[250] 然而,如果经其他人召唤,尤其是世俗君王,他们不得参战。至于自卫,如果无法通过其他方式逃避危险的,他们也可以杀生而不必担心"行为违规"。[251] 此处我特意强调是"自卫",如果遭遇危险的是其他人,例如他的父亲、兄弟或之类的人,即便危险迫在眉睫,他们也不得杀生。英诺森(三世)指出,在这种情况下击打神职人员的,不得判处逐出教会。[252] 他的说法与此处的观点不矛盾。因为"违规行为"不以过错为条件,例如法官可以依法判处罪犯死刑。[253] 但逐出教会的惩罚必须以过错为条件,且行为人在事前必须存在邪恶的想法。[254]

那么,如果神职人员不设法逃跑,而选择就地守候攻击者,并最后在自卫的过程中将对方杀害,他是否应受责罚? 按照克雷芒(三世)的说法,即"只能在无法通过其他方式逃避危险的情况下(才能杀生)",该神职人员必须受到责罚。[255] 这一观点受到救世主耶稣逃亡埃及避难的经历的启发。[256] 伯纳德在对此也有论述[257]。

我的观点正好相反。[258] 依照该文中的说法,无法逃脱危险与无法以体面的方式逃脱危险是同一回事。逃跑的过程中,神职人员也可能遭遇危险,比如摔倒,这种事情在逃跑途中很常见。因此,他必须杜绝这种危险。[259] 但是在这种情况下,我认为,我们必须衡量所有的因素,包括逃跑的危险,逃跑者的身体素质,攻击者的身体素质等。在此基础上,如果认定神职人员因为逃跑而可能遭致死亡危险的,他就地守候攻击者的做法就不应该受到责罚。反之,应该受罚。

第 53 节　以固定酬金为报酬于德国招募的雇佣兵在赶赴途中(遇到如下情况的),是否可以起诉雇主?

　　假如某意大利人以固定酬金为报酬从德国招募了一批雇佣兵,约定服务期限为六个月,但雇佣兵在前往意大利的途中,该意大利人彻底丧失了其地位,那么雇佣兵是否可以起诉追回酬金呢?

　　意大利某城市以固定酬金为报酬从德国招募一批雇佣兵,但在雇佣兵抵达前该城市已被暴君强占了,雇佣兵是否有权起诉追回全部酬金等?

　　假如意大利某城市以固定酬金为报酬从德国招募一批雇佣兵,约定服务期限为一年,但在雇佣兵抵达前该城市已经被暴君强占,那么雇佣兵是否有权起诉追讨全部酬金,或一定比例的酬金,或是其他权益? 以下依据似乎证明他们可以追讨全部酬金。[260]

　　但实际上恰恰相反,以下依据表明他们似乎只可以追讨一定比例的酬金。[261]

　　针对这种情况,我们首先需要明确一点,即此处涉及的债并非纯粹的合同之债,而是法定之债。这一批雇佣兵被委派至政府部门,故而其酬金依照地方法律的规定进行派发。因此,他们之间的关系并不是简单的“租赁合同”关系。在此基础上,我们还需要分三种情况来讨论。有些接收委派的部门只要求被委派人员提供体力劳动,酬金也只是针对体力劳动所支付的报酬。雇佣兵属于这种情况。有些部门除了要求被委派人员提供体力劳动以外,还要求其具备较高智商与知识,例如行政官之类的人员,酬金也不只是针对体力劳动所支付的报酬。还有一些部门所支付的酬金既包括酬劳体力劳动的一部分,又包括酬劳较高智商与知识的一部分,例如向大使派发的酬金。

第一种情况下,酬金依照服务时间长短按比例支付(。[262] 第二种情况下,被委派人一经作出履行行为,便有权要求支付全部酬金(以上所引表达相反意见的法条)。但如果没有开始履行义务的,则自其进入该部门的那一年开始支付酬金。[263]

第三种情况下,如果针对体力劳动与针对技能所支付的酬金不可分,例如诉讼代理人、医生及大使等人的报酬,那么应支付全部酬金。有时候针对体力劳动与针对技能所支付的酬金可分,如向握旗的司令官支付的报酬。握旗的司令官之所以被挑中,既因为他有技能,也因为他能提供体力劳动,故而酬金可以分割。综上所述,雇佣兵按一定比例追偿报酬,而因为技能娴熟被选中的人可以追偿全部酬金。

我认为还存在第四种情况,即因为拥有特殊的社会地位而被选中的工作人员,如君王的侍从。这类人也可以获得全部报酬。[264] 而且这笔报酬可以给他的继承人。[265] 兰迪伯爵也可以算作这种情况。作为一帮强盗土匪的头子,他曾经多次作为雇佣兵受雇于意大利各领主,以固定的报酬提供固定期限的服务。

第54节　雇佣兵的酬金应于月初还是月末支付?

接下来的一个问题是,雇佣兵的酬金应该在什么时候支付?月初还是月末?有一些法律注释提到如果辩护人作为士兵参战的,其酬金似乎应该在月初支付。[266] 为了解答这个问题,我们首先要区分,如果报酬主要是用于支付开销,而不是作为劳力补偿的,那么该报酬应该在月初支付。支付大使酬金就是按照这种做法。[267] 但如果报酬是为了补偿雇员所付出的劳力,那么我们还需要考虑双方当事人明示或默示的意图。双方有相关的默示之意思表示的,则酬金须在月初支付。例如,若一方当事人拿不到酬金便无法履行约定之义务的,视为双方默示酬金于月初支付,因为如果双方对此没有明确的意思表示,那么应该按照可能性更大的一种情况理解。[268]但如果不存在这种可能性,那么双方所约定的酬金应该在月末支付。[269]但如果该酬金是依照法律规定支付给被委派至政府部门的人员(具体见上文),如雇佣军,且仅有一份,那么该酬金应于月初支付。[270]相关的法律注释中提到,此类酬金一般是年付或者月付,雇佣兵的酬金是每月七弗洛林,因而须在月初支付。[271]但我认为,雇佣兵只能得到与其服务时间相应的酬金,这一点在上一节已有提及。服务期限未满的,他们必须交还剩余部分的酬金,即便其服务是因外在事件而中断的。

第55节　雇佣兵私自暂离职守或得到上级许可后暂离职守的,是否需要支付其离职期间的酬金?

假如雇佣兵在服役期间暂离职守,其是否失去离职期间的酬金?假如他是在得到上级许可之后才离开的呢? 首先,我们要区分,有一些服务并不是在某个指定的时间段内必须提供。例如教会所聘用的辩护人,他收取固定酬金,负责处理一年之内教会所有的诉讼事务。毫无疑问,他对教会只负有一项义务,教会也只要求其履行一项义务,但与这一项义务相关的履行行为可以有多个。因此,教会须支付其一年的全部酬金,这一点在上文也提到了。[272]有些服务属于在指定的时间内必须提供的服务,例如某位学富五车的博士受邀在某个时间段朗诵某本书。双方可能约定一份总的酬金,但有可能分为多次支付。这种情况下,双方约定的也仅一项义务。但如果双方约定酬金按年或按月支付,那么每月应履行的义务视为一项独立的义务[273],受雇方不得追索全部酬金,其每月的酬金可以单独支付。

第56节 雇佣兵主动拒绝服役至服务期限届满的,其是否失去所有酬金,还是仅失去其不能继续服务期间的酬金?

假如在约定的服务期间届满前,雇佣兵主动拒绝继续服役的,其是否失去包括其服务期间应得酬金在内的所有酬金,还是仅失去之后不能继续服务期间的酬金?要分情况讨论。有些受雇人需要履行多项职责,这些职责之间具有不可分割性,一部分职责未履行的,剩余部分也都不到履行,因而,若该受雇人拒绝继续提供劳务的,其失去所有酬金。大使便是这种情况。[274]但也有一些受雇人其所需要履行的多项职责具有可分性,一部分未履行的,另一部分仍然具有价值。雇佣兵即属于这种情况。他不需要归还全部酬金,只需要归还其辞职以后相应的酬金即可。但因其拒绝继续服役而造成雇主损失的,其须对该损失承担责任。反之,不承担责任。[275]

第57节 雇佣兵可否找人代替服役?

雇佣兵可以找人代替自己服役吗?似乎不行,因为雇主看中的是他本人的技能。[276]但从另一方面来看,一个人仅依靠自己所能做到的事情,其他人也能够凭自己的力量做到。[277]于是,我们必须考虑招募的形式。有时候某位领主或某城市直接聘请一位司令官,给他一面军旗,由司令官自己招募适合的人选。这种情况下,城市和雇佣兵之间没有关系,城市所聘用的只是司令官的技能与劳务而已,雇佣兵的招募与他们无关。但有时候,城市自己出面招募雇佣兵,按照他们各自的技能与所能提供的劳务分配给不同的司令官。如上文所引法条所述,一个人的技能是无法由他人所替代的。但雇佣兵所被雇用的仅是他们的劳务与体力劳动。如英诺森(三世)所说,因劳务与体力劳动而受雇的,可以由他人代替。[278]霍斯特西斯在文中所持的观点与英诺森(三世)相反。但依据刚才索引的法条与法条背后的本意,我支持英诺森(三世)的看法。只不过有一点,雇佣兵找人代替服役的,须征得上级的同意。从这一点上说,两位主教的观点都有可取之处。

第58节　雇佣兵生病期间可否领取酬金?

如果雇佣兵生病了呢? 雇佣兵患病的,视为其仍在服役,其酬金不受影响。[279]

第59节　战争中的俘虏和战利品。在战争中有所斩获者是否就此成为俘虏或战利品的所有人,以及"战后财产复归权原则"是否适用于此?

第五,接下来讨论战争中的战利品与俘虏。

首先,我要问的是,在战争中有所斩获者是否就此成为俘虏或战利品的所有人,以及"战后财产复归权"原则是否适用于此? 答案是:在之前已经讨论过的由君权授权所发动的公战中,情况确乎如此,亦即捕获者变成了所有人;被捕获者成了奴隶[280]。但如果这场战争虽不是依据君王的法令发起的,而是有别的合法原因,例如捍卫某人拥有之财产,如果宣战之人对他向其宣战之人有司法权,那么他可以裁定任何在战争中有所捕获之人可以成为其所捕获之物的所有人,并且扣留俘虏直至他能将俘虏移交给他的上级。英诺森(三世)持同样观点。[281]英诺森(三世)还补充说,即便没有作出任何裁定,他也可以在其司法权权限之内处罚侵犯其财产之人。[282]他强调,如果宣战之人并无司法权,仅仅是出于保护自己和个人财产,那么他不应捕获和扣押攻击者,因为他只被允许自卫,并且仅在正当防卫限度内才被允许。[283]他还补充说道:"如果被攻击者攻击了攻击者的财产,后者既无法通过"暴力抢劫财物之诉"胜诉,也无法援引"侵辱之诉"胜诉,因为他将遇到"基于犯罪行为而生的异议抗辩",即自己招惹其对自己的财产的类似攻击。所有这些论述,如我所说,都可在英诺森(三世)的大作中见到。[284]

我认为英诺森(三世)的第一个观点绝对正确,因为一位君主可以裁定剥夺攻击者的财产,并将其转移给另外一人的方法来惩罚攻击行为。但在我看来,他的第二个观点的正确性却是有条件的。我认为,如果一个事实上不承认更高司法管辖权的、且与罗马人民为敌的国家,向另一个同样不承认更高司法管辖权的国家宣战,不需要裁定即可成为捕获物所有人;这与依据君王命令发动的战争的情形是一样的。这一规则出自于万民法,并在古代习俗中有其源头,但如果涉及到人,这一规则则不再适用。因为在现时代,战争中的俘虏者不得被变为奴隶,不得被出售,而且"战后财产复归权"的原则也不适用于此类情形。对于他的第三个观点,我通常是不赞成的,原因是下面提到的这个法令,即被俘虏者有权要求被遣返,"基于犯罪行为而生的异议抗辩"不得适用于他。[285]因此,首次被俘虏的人不能对其主张"基于犯罪行为而生的异议抗辩",也不能对其主张其它更严苛的"抗辩"。故而,我认为,英诺森(三世)的解释可以在两方面加以修正。第一,因为英诺森(三世)没有说,对新近被俘虏者可以主张"制止暴力剥夺令状";而是说,在这种案件中应适用"暴力抢劫财物之诉"或者"侵辱之诉",前后二说显然极不相同。第二,我们也许可以认为,英诺森(三世)并没有意指严格意义上的"基于犯罪行为而生的异议抗辩"被构成了,而是意指针对其它侵占行为的"抗辩",这种异议甚至被允许用于对抗"恢复占有令状",以至于他可能被"侵占抗辩"所击败。[286]

第 60 节　在两国战争中被俘之人是否会成为奴隶,以及可否对他们取得所有权?

当两国交战时,双方可否称对方为"敌人",亦即,如果俘虏了对方的人是否能将其变为奴隶,对他们享有所有权?乍看之下,似乎不能。[287]相反,某一国族非我族类,并使之自身看起来像是"敌人",例如基督徒与撒拉森人之间,情况又当如何?答案是:如果纷争起于同一天神之下的两个国族之间,扣押规则和"战后财产复归权"原则就不适用[288]。但如果战事发生在信奉不同神祇的国族之间——毫无疑问,其中一方是帝国的敌人,与叛逆之人无异——,如此,我认为应依据源自古代习俗的万民法,扣押规则和"战后财产复归权"原则应当适用。除非,根据现时代的习惯,以及基督徒从古至今都奉行的一贯做法,"战后财产复归权"原则不适用于人,即人不应当被售卖,不应当被变为奴隶。

第 61 节　战争中被捕获之物可否成为捕获者的财产?

战争中被捕获之物可否成为捕获者的财产?情况确乎如此。[289]但同一文本似乎又提出了相反观点。[290]答案是:法律规定对动产可以;但对于不动产则否[291]。但这些动产不得变为公共财产。[292]我说过,这些财产可变为捕获者的财产;但他有义务将其移交战争统帅,由其论功行赏,分配这些捕获物。无论"战后财产复归权"原则是否适用,这一规则都适用。[293]

第 62 节　战争中兵行诡道是否被允许?

接下来我们将谈到的问题是,在战争中能否兵行诡道,以获得胜利?正如奥古斯丁在《旧约七书诸问题》中所说的:"当合法战争开始,正义就与如下问题无涉了,即胜利究竟是在公开的战斗中取得,还是使用计谋取得"。《约书亚书》第 8 章也支持这种说法。但《申命记》第 16 章似乎记载了相反的观点,"你当公平地进行比武竞技"。故以计谋行一事就是不公正地行事,因为计谋带有欺骗的意味,这类行为将面临"欺诈之诉"的指控。[294]而且，计谋与幸福相悖，违背诚信，这种诚信即便在与敌人对阵时也应当被遵守。[295]再如，《马太福音》第7章记载："你欲别人如何对你，你当先如此对别人"。《格拉提安教令集》开篇也如此记载。这一规则在我们与所有邻人相处时都应当被遵守。所以，既然没人意愿他人将计谋施于其身，那么他就不应将计谋施于他人之身。于是，答案就是：我们必须严格遵守这一规则，即"计谋"一词当然指代的是试图欺诈他人的行为都应拒斥。但在两种例外情形下，可以以言辞或行为欺骗他人。一种情况是，如果虚假陈述欺瞒他人，或者以此不守承诺，那么这种计谋使用方式总是非法的；敌人之间总有某种约定必须被遵守，安布罗斯《论义务》中也如是认为。另一种情况是，我们以言辞或行为欺骗某人，仅仅是为了不让他知晓我们的意图或秘密。这种欺诈是合法的；神圣经文的秘密在任何时候都不应当被披露，以免人们对它们嗤之以鼻；《马太福音》第7章也说："不要将圣物给狗"。是故，军事文件中的特别指令，秘密不可泄与敌方。圣托马斯也说，假如不违诚信，我们可以无条件地使用这种欺诈。[296]

第63节　在节庆日发动战争是否合法？

接下来讨论能否在节庆日发动战争的问题？答案似乎是否定的，因为在节庆日人们应当有闲暇从事神圣的事务。[297]而且《以赛亚书》第58章也记载在斋戒日追讨债务、陷入争论、对人施以老拳等行为都应当受到责备。因此，在节庆日发动战争就更应当受到谴责。此外，为避免世俗烦扰，守正是会是坚贞的表现。诸如此类，不再赘述。[298]

相反，我们在《马加比一书》第2章读到："他们于是作出决定，说无论何人若在安息日攻打我们，我们必须起来作战"。因此答案就是：如圣托马斯在《问答录》第2部分第2卷所言，人们迫于无奈可以在节庆日发动战争,但须在紧迫之事由消失之时,退出战争;而且他还引用《约翰福音》第 7 章的话支持上述观点,即"我在安息日叫一个人全然好了,你们就向我生气吗?"然后,他还申言,医生可以恢复个人的健康,但公共福祉的重要性远甚于此。戈弗雷都斯和霍斯特西斯认为在礼拜四不能发动战争,因为这一日是耶稣飞升天庭,与门徒共进晚餐的日子[299];并且礼拜五也不能发动战争,因为这一天要敬拜上帝的激情;礼拜六同样不行,因为在这一天,门徒因惧怕犹太人要隐藏起来,而且这一天是耶稣的身体葬入墓穴之日[300];礼拜日依旧不行,因为在这一天,耶稣完成了他的几乎全部的圣行[301],而且在这一天要礼拜耶稣的复活。基于以上理由,我坚信必须考虑紧急状况下的战争合法性。教皇尼古拉斯(一世)也持这样的见解。[302]

第 64 节　受害者能否要求恢复其在战争中所受的全部损失?

下一个问题是,一个人能否要求恢复他在战争中所受的全部损失? 他可否对其敌人继续采取行动,或者说再次宣战? 他似乎可以,在战争中缴获战利品是对敌方拒不降服的惩罚,因此他仍然可以采取此类行动。[303]并且,一物在债务清偿时未被支付,却可在战争中取得其所有权。[304]或者是因为对于战争中的拒不降服者,诅咒可以无限期有效。[305]但罗马法的注释法学派持相反观点。[306]

我不认为注释法学派的观点是绝对正确,而应当视究竟是从同一敌手那里还是从其他人那里找补损失而区别对待。如果是从同一敌手那里,约翰内斯的观点占理;如果是从其他人那里,或……(原文如此——译者注),那么诚实信用规则适用[307];或者他应该有权向第一人进行追索[308]。否则就会出现同一债务数次清偿的情况[309]。故而,注释法学派在诚信规则之下进行了类似注解[310],而法文提务斯在所有权项下曾引用前述观点。

第 65 节　在战争中阵亡者是否得到救赎？

在战争中阵亡者获得救赎了吗？答案是：为保卫教会而战死者将升入天国。这一点在教皇列奥(三世)写给法兰克国王的信中明确记载[311]，在尼古拉斯(一世)写给法兰克兵士的信中也明确表明了。而那些在合法战争中死亡的人也可获得救赎，假如他们在道德上没有罪过的话；但如果他们是在非法战争中死亡，那么他们尽管只有道德上的罪过，也将朽坏[312]。

第 66 节　为保卫教会的财产和所有物而进行身体性战争是否合法？

为保卫教会的所有物而集合军队以及进行身体性战争是否合法？显而易见是合法的。后列经典都证实了这一点。[313]

第 67 节　没有教皇的许可，主教可否参战？

没有教皇的许可主教能否发动战争？有些人认为绝对不行，教会法的权威文献明确记载了这一点[314]，但这些段落包含了多方面的涵义，我认为，如果他们是被征召，或者是他们志愿加入他人发动的战争，这是完全可能的；此外，如果他们是为了捍卫自己的权利，也是可以参战的。

第 68 节　高级教士能否为了他从皇帝那里获得的俗世利益而参战？

高级教士应该对赐予其俗世利益的皇帝发动的战争致敬吗？我们不得不说他应当如此。[315]

第 69 节　对在合法战争中被俘虏的人应当宽恕吗？

对在合法战争中被俘虏的人应当宽恕吗？我们认为必须如此，除非宽恕他们则有干扰和平之虞。[316]正如胡果里努斯所理解的那样，康拉丁就是因此被斩首的。

第 70 节   教会能否对犹太人宣战？

教会能否对犹太人宣战？肯定不行，因为到处都可见到他们在提供服务，而且并未迫害基督徒，当然，撒拉森人中的犹太人除外，因为他们迫害基督徒。[317]并且，注释法学派对此特加提醒，如果他们没有迫害基督徒，甚至都没有必要对撒拉森人宣战。

第 71 节   能否参加战争却不战斗？

人们是否能参加战争却不战斗，是否能豁免参加战斗？如果他们以其他方式出谋划策，与有助焉，则是可以的。[318]

第 72 节   高级教士能否基于世俗司法权而宣战？

高级教士可否基于他们的世俗司法权而宣战，并参加战斗，或鼓励他人参战？正如英诺森(三世)指出的，他们可以如此。[319]

第 73 节   高级教士可否因为其扈从受到伤害而发动战争？

高级教士可否因为其扈从遭受到的不公正的伤害而发动战争？并且虏获侵害人及其他与其有关的人？正如英诺森(三世)指出的，他们可以如此。[320]

第 74 节   教皇的特使可否发动战争？

即是说，他能够诉诸世俗的武力？这个问题已经讨论的很多了，而且英诺森(三世)已经明示过意见了。[321]

第 75 节   教会对被逐出教会之人发动的战争是否值得赞许？

教会对被逐出教会之人发动的战争是否值得赞许？答案是肯定的，而且高级教士和个人鼓励他人与被逐之人作战也是合法的。[322]

第 76 节　身体性战争有多少种？

接下来的问题是,法律所承认的身体性战争有多少种? 答案是:法律所承认的身体性战争有七种。

第一种称之为"罗马人的"战争,是虔信徒对无信仰者或异端发动的战争;它是合法的[323],之所以被称为罗马人的战争,是因为罗马是信徒的首都[324]。

第二种是基于合法裁判发动的战争,这种裁判基于对违抗法律和判例之人的司法管辖权而作出的。[325]尽管我们从他们那里捕获的东西可以成为我们自己的,但这些人并非严格意义上的敌人,反过来,则是不成立的。[326]

第三种被称为"傲慢的"战争,是由不服裁判的人发动的。[327]

第四种是合法战争,无论在何时其都是为法律权威所允许的[328],并且这种战争是合法的就在于宣战之人是被授权的,他的亲属和邻人也是如此[329]。

第五种是非法战争,是由反抗法律权威的人发动,如某人为自保而不服从裁判和法律的权威[330]。

第六种是"自发的"战争,即我们现时代那些由世俗君主在没有皇帝授权的情况下发动的战争。这是非法的,因为没有皇帝的授权,是不可能合法地携带武器的[331];而且这是违反《关于叛逆罪的尤利亚法》的[332]。

第七种称之为"紧急避险"和合法的战争,是由虔信徒在受到他人攻击时,基于法律权威为捍卫自己发动的;以暴止暴是合法的[333]。霍斯廷西斯[334]也讨论过这些主题。

从以上讨论,我们可以看出哪些战争是合法的,哪些战争是非法的。那些人们为回应他人对其宣战而发动的、以及因事态、缘由和法律都允许发动的战争是合法的;反之,则是不合法的。一般说来,对违

法反抗者负隅顽抗是战争正当化的一种事由。当正义无法从有义务
之人出获得，那么就可以宣战，而行使追索权也可以借助器械[335]。对
战争的合法性问题，英诺森（三世）[336]、霍斯廷西斯[337]、圣托马斯[338]、
艾吉迪乌斯[339]等皆有宏论。

第 77 节　因自卫而发动的特殊性战争；此为第三大部分的第四篇论文

我在前面第三篇论文中已经讨论了普遍性战争的问题，现在在
第四篇论文中将讨论因自卫而发动的特殊性战争；我将依照以下次序
开展讨论；首先我将界定什么是特殊性战争。接着讨论它的种类；第
三将讨论它如何取得合法性；第四讨论它如何使用这种授权；第五讨
论可对谁进行；第六讨论代表谁开战；第七讨论它的方式；第八讨论如
何终止这种战争。

第 78 节　何为特殊性战争？

第一个问题，什么是基于自卫而发动的"特殊性"战争？我认为，
这是"由于人类的欲望遭逢某种异质的事物或某种特殊的暴力而意欲
排除它们进而引发的争斗"。这一定义可以找到很多文献的支持。[340]
我所指的"争斗"是属概念意义上的争斗，正如我在之前的第一篇论文
的开端定义一般性战争时所使用的那样。其次，我所指的"由于某种
异质的事物"等引发，是表明它与普遍性战争以及其他种类战争的差
异。第三，我所指的"意图排除它们"，是这类战争自身的终极原因。

第 79 节　特殊性战争有多少种？

第二个问题是特殊性战争有多少种类？我认为有两类：一类是
"合法的"，另一类是"非法的"，这与我对普遍性战争的划分相同。而

合法的特殊性战争又可以分为两种：一种是为保卫真实的身体或者是真实身体的一部分以及有关的东西而发动的战争。我将在本文中讨论这种战争。另一种是为保卫神秘身体或神秘身体之一部分——即教众——而发动的战争，教众被称之为身体，教众中的个体就被称为它的四肢和组成部分。[341] 因此，如果某一教徒为外人所节制，遭逢节制者的法官不公正的压迫，教会为保护该教徒而发动的战争就"为保护神秘身体或其一部分而发动的特殊性战争"；在《真本》中也称为"报复性"战争[342]。这种战争将在下一篇论文中讨论。为保卫真实身体而发动的合法的特殊性战争，是由于人类欲望遭逢某种异质的事物、或遭逢私人所施的或公众人物超越职权非法实施的特殊性暴力而引发的争斗，发动者试图在正当防卫的限度内排除这种暴力。[343] 当前述情形或者其中某一情形欠缺时，这种战争就不合法了，正如以下讨论将揭示的那样。

第 80 节　法律如何被引入特殊性战争？

第三个问题是，依据何种法律可以发动这种战争，以及法律赋予其何种限度？《法学阶梯》和《优士丁尼法典》[344] 评注中认为"法"（iure）一词是指"根据法庭的法律，而不是天国的法律"。如果评注是意指这种战争应当根据法庭的法律而发动，那么我认为这是不正确的。如果评注仅仅是意指法庭的法律允许宣布发动特殊性战争，那么我认为则是正确的。但当评注说："不是依据天国的法律"，我认为大谬不然。容我详述这一特殊的论断；我认为出于自卫的战争是依据自然法，而不是依据实证法、民法或教会法。证明如下：造物之自然意图造物的保存，只要自然的行动者保有力量，就要奋力排除任何与其敌对之物；但如果情况不是如此，原因就在于自然的行动者力量的丧失，以及反对力量压倒了它的力量。但这并非是自然行动者繁衍生息和自我保存的意图所导致的,反而是与这种意图相反对的,因为但凡有能力,自然行动者总是排斥其反对者的。如果我们以自然事例来讨论就能发现这一结论来源于经验。在自然界中,作用与反作用现象是随处可见的。受到他物作用的物体将对他物产生反作用,直到作用于其之物被摧毁,它得以保存方才休止。故而,正如亚里士多德所讲,物质性的有体行动者总是被自身的行动所影响。[345]同样,在无生命物体中,例如植物,这种现象也是非常明显的,它们的特殊本质使得它们倾向于自我保存其生命,排斥与其反对之物;动物也是如此,那为何理性造物又不是如此呢? 在理性造物中,这种情况更是如此,因为理性造物自身更加高贵,其他物体都供其役使以服务于其目的。[346]因此,自卫是源于自然本能。许多经典著作都认为自卫是源于自然法。[347]这些评注认为法不禁止皆可为。《阿奎利亚法》的记载明定自然造物面对危险可以自卫。[348]因此,我得出的结论是:基于理性,在保存个人生命的限度内发动战争,是源于自然法和人自身的本能,实定法允许或禁止在所不论。[349]不少源自自然本能的事情为实定法所禁止和处罚,例如纯粹出自肉欲的性交;此类性交是源自自然本能,但在一些社群中却依据法令而被谴责。还有不少在这类实定法中被限制和附加额外条件的行为都是源自自然法的,在其他一些源自自然的行为的场合也是如此。人生而欲求饮食,而教会法限制此类欲求,它在特定时间禁止进食某些食物。同样,实定法也限制自卫的方式,正如《优士丁尼法典》[350]以及下面的引述表明的那样。所以,我们得出结论,战争源自自然法,但既要得到实定法、民法和教会法的认可,也要被它们所限制和调整。如果以这种方式理解,注释法学派的观点[351]可能可以保留。

接着,评注说:"并非依据天国的法律"。评注学者似乎意指不允许以暴力排除暴力。注释法学派的这个观点确有某些文献的支持,《路加福音》第 6 章记载:"有人打你这边脸,连那边的脸也由他打"。[352]《马太福音》第 5 章也记载："有人强迫你走一里,你就同他走二里"。《罗马书》第 12 章也记载："不要自己伸冤,宁可让步,让人发怒"。在《马太福音》第 26 章,当彼得要保护基督时,基督也对彼得说:"收刀入鞘吧"。这些记载使我们不得不认同注释法学派所持的神法禁止以暴制暴的观点。但我认为评注意见是错误的,而且错误非常明显。首要理由如下:根据神法,与仁慈一致的行为是合法的,自卫就是这样的行为。因此,结论略。大前提得以证明:仁慈排除任何与神法不一致的行为,因为它与此类行为是不相容的,其本身作为万物的根据是合法的。这一点也由《论刑罚》得到证实。[353]第二点,小前提根据同样的"识别"可以证明。[354]最主要的仁慈行为是爱他的邻人如己[355],因此这暗示了自爱和自我保存,而如果是这样的话,也就暗示了自卫。职是之故,神法是允许人进行自卫的。进而,神法允许人在他的邻人面临死亡时保卫他,甚至帮他抵抗疾病。所以,一个人保卫自己就是更加没有问题的。根据这一推理,结论最后就可得出。前项还可得到如下文本的证实。[356]再者,神法禁止一个人在他自己的毁灭后另行自发抗争。这里我的意思只是:如果他在某它物为神法所认可后适当地抗争,即使得到了该物自我毁灭的后果——则并未被禁止;例如一个人为了国家能得到永恒的真福,劳其心志,困乏其身,没人怀疑这种苦行对身体有毁灭性的影响,然而这并非是其最终的目的,而只是为了避免身体的恶行,换得永恒的国度。据说这同样可以适用于那些为了基督信仰而自杀的人们;因为他们的最终目的不是摧毁自己的身体,而是为了捍卫信仰,为着这信仰,他们自愿面对世间的死亡,这是神法允许的。但是,当一个人能保卫自己,却没有保卫自己摆脱死亡,他就是自愿结果自己,走向毁灭,这种则为神法所禁止。大前提被证明了:凡是以这种方式杀死自己的人,如犹大及类似的人,都为神法所诅咒。小前提被证明:一个人能保卫自己,却没有保卫自己摆脱死亡,而且没有上面提到的情形,没有如此作仅仅是因为怯懦,欲求死亡并借他人之手杀死自己;如果他以自己之手杀死自己则是公正的,如是说的依据是"不同情况,不同对待"规则[357]。更何况,神法并没有绝对禁止源自自然法的行为,而只是修正和控制这些行为。例子非常清楚,神法没有全部禁绝饮食,或性交以及类似行为,而只是修正和控制它们,避免过度,允许中庸,伦理法则也是如此这般。[358]而如果神法绝对禁止自卫,仅仅因为该行为源自自然本能,那么它将绝对毁灭任何自然的行为! 以上推理表明,这是荒唐可笑的。还有教会法也允许自卫行为,所以神法并不禁止它。前项也能得到以下文本支持。[359]结论就是,教会法与神法可以互换,二者并不对立,它们都欲求同样的目的,尽管方式并不相同。教会法涉及地球上的王国的治理,而在世界上保存人类社会则有赖于民法;但教会法远不止此,它还要在神法的引导下决定和筹划国家的永恒福祉;如果我们看到了它们的最终一致性,即凡为神法所禁止的,必为教会法所禁止,那么上述观点就是必然要得出的。于是,我们无需再引证其它论据,这种论据可以有无限多;现在完全可以得出结论:神法不允许自卫行为的评注意见是不正确的。

至于相反观点引证的权威文献,《格拉提安教令集》做出了真正的回答,亦即,它们应当被理解为心灵的内在准备,而不是与身体行动有关。人应当保持内心的谦卑,正如奥古斯丁在《对百夫长之子的宝训》中所说:"人应当有准备"。[360]

以上讨论已经给出了第三个问题的答案,即这类战争因何而起,以及法律允许什么样的战争。

第81节　什么样的人可以宣布特殊性战争?

我们必须讨论的第四个问题是,谁可以宣战? 对于这个主题,我从讨论一件事情开始,即谁可以进行自卫,另一方面讨论谁可以宣布上面界定的特殊性战争,防卫的对象是什么?如果我们问可以对谁进行防卫,我认为可以对所有自然被造物和有朽的物体。我说"被造的和有朽的",因为不允许对神圣的身体进行防卫,理由在于后者不会受到任何敌对行动者的影响,他们的身体与任何异质的印象是不相容的,一如亚里士多德所说[361],还在于他们不是由生成和朽坏的物质所构成的。所以无需对神圣身体进行自卫,因为他们无法毁伤。然而,根据自然的第一原理,允许对所有有物质构成的事物进行自卫,因为他们易被毁伤;并且这种自卫源自自然法则,它是一种事物与生俱来的力量,是同类相生的力量。因为通过创生其同类,一物可以在其群类中保存自身,而这永远无法仅在单一个体中实现;因此通过个体的行动,他奋力摧毁与其抵牾的对立物,反之亦然。这就是自然法的首要表现形式。[362]因此,对所有有物质构成的事物进行自卫是为自然所允许的;其源自自然在所有生命中植入的力量,任何生命都能凭借其感官在自然例证的帮助下意识到这种力量。但如果我们问谁可以发动上面界定的这种战争,那么我认为唯有人可以,其他生物则不能,正如战争的定义所表明的,因为我在定义中说的是:"当人们的欲望遭逢某种异质的事物"。现在我们必然要问是否所有人都可以发动特殊性战争?

第82节 神职人员能否发动这种战争?

首先,我要问的是神职人员能否发动这种战争?答案是神职人员不能如此做。[363]这个答案还可以在《格拉提安教令集》中(Gratianus, xxiii, q. viii, convenior)得到印证,该文的问题和答案与此一模一样。而认为神职人员可以发动特殊性战争的观点也能找到很多文献的支持。[364]还有些人主张俗人可以回击,但神职人员不行,这种观点有同样的缺陷。而有些人则主张,如果暴力加于人身,无论是以牙还牙,还是神职人员反击,都是合法的。克雷芒(三世)支持这种观点,只要他满足了所提及的条件。但如果暴力加于财物,答案则有所不同。这第二个表述是否正确,我将在下面进行讨论。胡果里努斯不承认一个人无论如何都不能杀死他人,而又允许他自己被杀,然而他规定了很高的必要条件,甚而至于只有在用所有其他手段都无法逃脱时才能杀死他人。他以这个结论对"第 1 节,教会法,论此主题"进行了评注。注释法学派在同处却做了相反的解释(而且对《论杀人》"似乎适当"一章也做了相同的解释);我对此并不固执己见,因为,正如我说过的,克雷芒(三世)也是如此认为的[365];而且关于这一主题,即便没有这些支持或反对的文献,我们在理性的引导下也能得出同样的结论,也就是我之前举例证明过的结论,即神法并不禁止自卫。

第 83 节　虽然神职人员可以自卫杀人,但他能在教堂如此行为吗?

其次,我要问的是,如果神职人员可以以此方式自卫,甚至在反击中杀死他人,他能否在教堂中也如此? 答案是似乎不能。虽然法律一般性地允许某种行为,但这些行为可能因地而异被禁止,以至于一般性许可可以被特别规定所限制。[366]很多行为都是为法律一般性许可,但在特殊的环境下或多或少都会被禁止。[367]上面提到的事例即属此类。更因为在教堂如此作为将玷污教堂。[368]不仅如此,在教堂争吵和打斗一般也是被禁止的。[369]由于自卫是打斗的一种,因此在教堂必然是被禁止的。相反地,如果是紧迫情势之下,法律通常是会允许自卫行为的,因此它们应当被如此来理解。[370]我相信这一点是确凿无疑的,因为源自自然法的行为,必不被神法所禁止;而且法的理性支持这种规则普遍适用,不因地方差异而有所不同。自然法中内含自卫的合法性是为了人类能保存自身,只要自然的第一原则的力量还在持续,这种合法性就不会丧失；并且这一理由在教堂以及其他任何地方都同样适用。这样一来，反对方所引用的权威意见就容易回应了，在教堂被禁止的行为要么在性质上就属于恶行之列，要么属于法律所允许的行为之列，例如契约行为。后者被排除在教堂之外，不是因为迟延会导致更大危险，而是因为这些行为在教堂之外同样能够履行的很好，完全取决于缔约双方的意愿，毕竟契约的根源在于当事人双方的意志。[371]但在当前的实例中，如果某人不被允许在教堂之内以暴制暴，危险将旋踵而至，因为这将导致他立刻被轻易地杀死。至于另一个论据，即在教堂自卫可能会玷污教堂，可以认同。故而，本论题的答案是：人的存续，一旦丧失便不可恢复，因而重于教堂的圣洁，因为后者即便被玷污，却可再次圣洁。而且，也许我们可以说，因为教堂被玷污了，有罪之人血溅三尺是必然的。[372]

第84节　神职人员在主持宗教仪式时遭到袭击，他能否自卫，甚至杀死袭击者，然后继续履行主持宗教仪式的职责？

第三，我要问的是，如果神职人员在主持宗教仪式时遭到袭击，他能否放下职责，进行自卫，甚至杀死袭击者？以及如果他因自卫而杀死袭击者，他能否继续履行主持宗教仪式的职责？关于第一点，神职人员似乎不能放下职责，他有义务履行该职责，只要他有这个能力[373]；而且，世俗事务应当列于精神事务之后[374]。相反的观点也得到不少文献的支持；由于某种意外发生的物理上的妨碍，已经开始的职责可能被中断而未能完成，因为这个缘故，法律规定司铎不得被单独留在存储了世俗财务的仓库所在的教堂。这些可被刚才引述的文献所证实。[375]反对观点认为，当一个人离开时，另一个人可以取代其职位继续圣职，或者他在危险处理完毕继续圣职[376]，除非是弥撒祝词已经开始但未完成，这种情况下他必须重新开始，因为这些祝词是不能被分割,在浸洗礼和圣职授予仪式中也同样如此[377]。如果一个人袭击神父并试图杀害他这是一个障碍,不,对神父很明显是个致命的危险;神父可以放下圣职,处理自己面临的危险,如果可能,他甚至可以杀害袭击者。一般说来,精神层面的事情的确比身体的更重要,但在这类情形中精神职责的仪礼活动不能优先,因为鉴于可能存在的不可修复的危害,法律允许例外,而且这并不会导致延误精神职责的履行,因为职责可以由另外一名司铎来履行,或者待该司铎处理完危险情况后回来继续圣职。

至于第二点,如果司铎确实在自卫时杀了袭击者,他可以继续履行自己的职责,只要克雷芒(三世)所谈到的条件(si furiosus)被满足。由于他在行使法律赋予的权力,依据法律授权不为罪,所以他所做的并不构成犯罪。[378]因此他并没有做任何不合常规之事;这点可参考上面引用的克雷芒(三世)论述的条件(si furiosus)。故而,似乎没有任何障碍能阻止其履行其职责,正如克雷芒在以上被引用的所述中所证明的。

第85节　一个人在开始施洗,授予圣职,坚信礼,涂油礼或举行圣事时被袭击,他可以将这些圣事延后吗?

第四个问题,一个人在开始施洗,授予圣职,坚信礼,涂油礼或举行圣事时被袭击,他可以将这些圣事延后吗? 答案如上。

第86节　一个正在给处于死亡边缘的小孩洗礼的司铎,他的生命受到了袭击,孩子的永生重要还是司铎的生命重要?

第五个问题是:一个司铎正在给一个处于死亡边缘的孩子洗礼,一个意图谋杀他的袭击来临;他必须马上做出选择,是继续完成洗礼使小孩免予未受洗礼就死去,但自己却被杀害? 或者是相反,选择挽救自己的生命,但让小孩未受洗礼就死去? 同样地,司铎在给一个濒临死亡的病人触摸基督身体的时候被延误,也是这个问题。

对于第一个问题,正如奥古斯丁在写给执事彼得的信中所表示的那样,司铎似乎应该宁愿自己死亡,也不能让孩子未受洗礼而死,因为孩子未受洗礼而亡将不能永生。[379]《在以弗所书》第4章,布道者,所有的被认定为一个罪行。因此原罪如不经由浸洗礼而被偿清,罪人将在地狱永不得超生;假如司铎是他人获得永恒的救赎所必不可少的,那么他只是暂时的身体死亡;但诚如奥古斯丁所言,身体的死亡并没有精神的重要[380]。因此司铎宁愿选择死亡,而让孩子得到来生。再者,两害相较取其轻[381],身体的死亡较永不超生为轻[382]。既然小孩的死亡是永恒的[383],而司铎的死亡是暂时的,因此应被选择。更重要的是,仁爱之至大者是应爱自己的邻居如己[384]。但如果司铎选择保全自己短暂的生命而放弃孩子永恒生命的救恩,他就没有爱人如己,并且由此证实他并无仁爱之心。因为在任何情况下,永恒的生命都比暂时的死亡重要,因此宁愿选择自己短暂的生命而非他的邻居的永恒的生命的人,他爱自己远超过他的邻居,所以没有仁爱之心。此外,宁愿选择轻罪这一定律,司铎丧失生命比孩子未受洗礼而亡的恶更小,因此,司铎丧失生命更应被选。大前提证明完毕。道德的规则是这样的;其他的条件都一样时,更多的罪恶比更少的罪恶更糟,因此更要避免[385]。小前提得以证明;因为如果司铎的生命优先,那么就产生两重罪恶,即孩子的永不超生,如我上面论述的;以及灵魂治愈的遗漏,后者是一种道德上的罪过[386]。而如果司铎丧失生命,就只有一种恶,即肉身的死亡,如果也关注行为的品性本身,这种恶无论如何比永恒的死亡为轻;因此我们必然得出上述结论。

当然,反对意见似乎得到一些文献的支持,这些文献声称一般而言,允许人们在紧急状态下进行自卫。我只引用一个克雷芒(三世)的经常被引用的论述(si furiosus)，而且这一点也被法律所确证，即仁爱始于自爱。[387]

答案：要思考与解答这个问题，我们必须考虑那些确凿无疑的事例。关于这一问题我们能够找到这种事例。如此，如果我们假设，小孩可以由他人实施洗礼，甚至由俗人或妇女来做，如此一来司铎就可以放下圣事的仪礼职责，毫无疑问，司铎应优先保全自己的生命：很有可能，在危险被排除后，小孩依然存活；在实际发生这种情况时，我认为，司铎毫无疑问应该优先考虑自己的安全；上面引述的理由在本案中推不出相反的结论。让我们假设一下，此处不是一个婴孩受洗，而是一个成年人，即便他没有接受水浸洗礼，但如果他有真信仰，他仍然将在水的洗礼中死去。我依然认为这个问题没什么疑义，一如既往，我仍然要说，司铎的安全更值得优先考虑。但我们需要讨论的是，如果司铎放下洗礼圣事，一个濒死的小孩必将在没有洗礼的情况下死去。这个问题是值得商榷的，可能存在争论。

第一种情况，事实是确定的，我认为司铎肉身的生命应当优先，正如上面引述的法律的规定；我的观点建基于以下文献[388]。争议发生在相反的案例中，注释法学派对此有解释意见。在该种情况下，问题在于只有一个主教，如果他逃走了，教堂无法保存，那么他应当为保存教堂而直面死亡。这将给予一个司铎和他自己的教区居民以极大的力量；是以，基于上述理由，我赞同这个结论。

但有合理的理由怀疑小孩是不是马上就要死亡，或者是能够存活到危险结束，而如果司铎不放下圣事，他就肯定会死，这种情况下，我仍然坚持司铎的生命应优先，因为事态无法确定，也没有作推测的余地。[389]如果两方面都是合理的怀疑，那么至于圣洗圣事，我持与上面第一种情况相同的意见。

但在圣餐圣礼中，如果注释法学派的意见，即临终圣餐并非必需的圣事[390]，是正确的，那么这个问题将不再有什么疑问。但注释法学派的意见是不正确的，而且与其另一注释意见矛盾。[391]另一个文本似乎也支持这一点。[392]虽然如此，即使假设圣餐圣礼是必需的圣事，我仍然主张司铎的肉身生命应当优先。我的考量是，即使一个人未得圣餐而亡，这一缺失并非其自身过错，也不能归结为他的轻慢，他不会永不超生，正如在浸洗礼的事例中一样。本案的缘由不能根据上面给出的理由的结论。我认为，这同样适用于忏悔礼，因为一个人未亲口忏悔就死去，这并非他自身过错，仅因悔改的行径就可得救赎。[393]这同样确定无疑适用于涂油礼。

第87节 如果没有院长的同意一个修道士可以保护自己吗？

第六个问题：没有上级的授权一个修道士可以保护自己吗？答案似乎是不能。除非上级许可，一个修道士不能也不应该筹划一个意志行为：因为如果没有上级的许可，他缺乏意志能力，没有意愿。[394]而这种自卫行为仅出自自由的选择，因为一个人也能选择不保护自己；因此在没有上级授权的情况下，他不可以保护自己。更紧要的是，修道士与世隔绝，不问世事。[395]因此通常旨在保护生命的行为，他是不能胜任的。更有甚者，根据上述援引的法律，像宣誓，出外旅行之类的没有任何坏处的行为，没有上级的授权，修道士也是被禁止作的。相反的观点认为，人类保护自己的行为是出于自然本能，神法或其他法律并非不赞成；是故，修道士保护自己的行为是合法的，因为修道士没有被禁绝为自然的行为，而仅仅是上述援引的法律列举的民事行为被禁止。

答案：我认为，面临危险时，如果在毫无拖延的情况下，修道士可以获得上级的授权而保护自己，那么他就应该获得授权。这一点已经为第一部分讨论引用的法律证实。如若由于院长不在，修道士不能立即获得授权,危险迫在眉睫,那么他可以在未获授权时保护自己。理由是,这个行为是自然法许可的,无正当理由修道院院长不得绝对禁止,甚至教皇可能也不可以,因为自然已经做了裁定;在这些行为上,修道士并不能被认为是从属于修道院院长的,就像其上级无缘无故绝对禁止修道士饮食,他不必服从一样。我依据的是下述评述意见[396]。注释法学派在讨论如下问题时,即除非接受救济,否则一个人即将死于饥饿,修道士能否在未经授权时给予救济,得出的结论是可以。与此相似的必要情况下,如果他可以,他应该可以救济,在其他情况下,他是被禁止对他人性命做什么的。他为自己生命所作的乃是自然指令他所为的行为!我找不到什么理由他不如此做;雷蒙多甚至认为[397],如果修道院院长禁止他此类行为,他也应该去做,因为他所做的不是遵从人类的命令而是上帝的旨意[398]。

第87节(续)   没有主人的命令,奴隶可以保护自己吗?

第七个问题是,没有主人的命令,奴隶能否保护自己?答案似乎是否定的。因为奴隶的行为被视为无效的。[399]相反,现今奴隶主并没有权利处死奴隶。[400]因为如果这种禁止可能导致奴隶死亡,奴隶主就不能绝对禁止奴隶的自然行为。参考最后的法上述援引的法律。解决办法:如修道士一节最后所述。

第88节   根据国家的法令,如果杀害丧失公权者免予受罚,这种人在某些情况下能否自卫?

第八个问题是,根据国家法律,杀死某些人免于受罚,例如市民法规定某些情况下杀死逃犯可免于处罚,后者能否自卫?答案是似乎不能,因为如果某个人使用暴力是合法的,那么另外一个人保护自己就是不合法的。[401]因为法律授权,所以实施此种行为是合法的。[402]因此可以确认:如果是由公务人员实施的暴力行为,那么作出保护自己的行为将是不合法的。[403]而如私人处于准公务人员地位,法律授权他可以惩罚他的役工;我的意思是法律可以授予某个私人以司法权[404]。因此,我们可以推断,此种情况下受管辖之人作出保护自己的行为是不合法的。

相反的情况是,私人虽然是国家公职人员,但如果他未履行应当履行法律的正当程序,这个暴力行为依旧是不合法的。[405]

其次,我认为必须斟酌法律的用语。因为有时法律没有禁止的事情就是法律允许的事情。[406]有时候法律允许的事情可能有悖于人们的日常行为,正如以前在第五等级缔结婚约。[407]在第三种意义上,法律通过容忍而许可某些行为;这是指法律虽并没使在其他情况下非法的行为变得合法,却没有惩罚本身违法的非法行为,例如没有惩罚那些在礼拜日午夜吃肉的人;文献认为这个行为被允许了,意思即是,由于法不责众和非常丢脸,这个行为没有受到惩罚。另一种情况是为了避免杀戮,通奸行为被默许。[408]尽管在法律允许这种意义上并未使得通奸行为被法律合法化,这种行为依旧是不合法的,只是惩罚被免除了。因此在上述案例中,法律以容忍的方式默许某种行为,并且免予处罚,这个行为依旧不合法,因为人们厌弃丧失公权者,那么我认为他们可以保护自己。上面引证的文献并未回答这个问题。但如果法律要在肯定的意义上使某行为合法,而不是非法,答案也将是不同的。这种默许的方式也由注释法学派进行了解释。[409]

第 89 节　这种特殊的战争可以针对谁?

第五个问题是,这个特殊的战争可以针对谁发动? 这一问题又引发了很多子问题。

针对上司发动这类战争是合法的吗?

　　第一个子问题是,某个人能否针对其上司发动这种战争? 注释法学派认为不可以[410]。我认为这种观点不完全正确,必须要区分不同情况。上司的行为是不合法的;上司的行为是合法的;以及行为是否合法有疑问。

　　第一种情况下,我认为是可以进行抵抗的[411],尤其是上司的行为超越其职权范围,而且与其无关,更是如此。第二种情况是不可以反抗的。[412]第三种情况下,只有那些事后无法予以补救的行为才可以反抗。许多事情,一旦做了,就无法在事后恢复如初。[413]在这些案例中,最终判决允许上诉之前法庭禁止上诉。[414]

第 90 节　即使法官的行为是非正义的,对抗一个法官是合法吗?

　　第二子问题是,上述解释所引的法律(ut vim)提出,如果法官或者行政官的行为是非正义的,能否反抗? 马蒂纳斯认为,不能进行反抗[415];但如果这个法官是低级行政官,可以在其任职期间对其行为提起诉讼,如果是高级行政官,则可以在其任期结束之后对其提起诉讼[416]。我认为注释法学派关于当这个行为是不可补救情形的意见是不正确的。当一个高级行政官意图杀害我时,难道我要等到其任期结束吗? 或者如果他是一个低级行政官,我必须等到起诉状送达至主管长官才能采取行动吗? 当然不是;正如前面所述,上述行为是无法补救的[417]。

第 91 节　儿子对抗父亲的行为是合法的吗?

　　第三个子问题是,一个儿子对抗自己父亲的行为是合法的吗? 因为"家父权",答案似乎是否定的。[418]这种观点应予以肯定。因为儿子和父亲通常被视为是同一法人格,儿子不能攻击自己,因此他当然也不可以攻击自己的父亲。[419]另一种相反的观点认为,正如前面第三大部分所证明的,这种自卫方式是源自自然法;并且正如我已经论述过的那样,这种自卫方式没有为任何法律所否定,反而为所有法律所赞许。因此,家父权作为一种民法上的制度,不能压倒属于儿子的权利,因为自然法不能被民法所压倒。[420]

解答:如果父亲是为纠正儿子所做的某些事情,并且是家父权所允许的且没有超越这个权利的范围,那么这个儿子就不可以反抗,理由如上面所述。因为此处民法中引入家父权来限制了自然法。如果父亲的行为超过家父权允许的范围,那么我认为,儿子是可以反抗的。并且这个也适用于儿子生活在家父权监护之下的情形。如果孩子已经脱离父母的管束,那么问题就更简单了。对相反观点所应用的文献就已经做出了回应。

第92节 修道士对抗修道院院长是合法的吗?

第四个子问题是,一个修道士对抗修道院院长是合法的吗? 答案是否定的,因为修道士在没有修道院院长的授权下不可以依自己的意志行事。[421]因为这个自卫行为由意志控制,因此修道士不得从事;修道院院长没有明确授权许可,而是保持缄默,这意味着禁止,这个比口头的禁止更有分量[422]。这一观点值得赞同:修道士是不问世事的[423];因此修道士并不具备保护他的世俗生命的能力。

另一方面,这个行为似乎源自自然法,尽管存在某种限制,但并没有实体法否定它。因此,尽管修道士是不问世事的,但并没有否定修道士可以自卫,即使这不是那么自然。这从前面引证的法律可以看出。

解答:如果修道院院长试图以某种方式纠正修道士的行为或者类似目的,而院长的这种行为是普通法允许的或根据法令的规定而为,那么修道士就不能反抗;并且在这些案例中是不允许他提起上诉的[424]。但如果修道院院长对修道士所为不是在自己的职责范围之内，也不是法律授权的或者法令规定的，那么修道士就可以保卫自己，尤其是如果修道院院长袭击修道士，企图杀害他时，这种情况他稍有迟延就会很危险，他就可以自卫。如果修道院院长的行为违背其职责，修道士可以反抗并且可以起诉修道院院长，这就再自然不过了。[425]

第93节   奴隶反抗主人的做法是合法的吗？

第五个子问题是：奴隶反抗奴隶主合法吗？似乎是不合法，因为奴隶主对奴隶具有绝对的权力。[426]这个观点应予肯定：在战争中，奴隶必须帮助奴隶主，否则将会受到惩罚。[427]因此奴隶不能攻击奴隶主[428]。

相反，奴隶主对于奴隶的权力在当今已经受到限制。[429]现时代的奴隶主没有权力处死奴隶，也没有权利对他们实施极刑。因此，答案是：如同修道士，如果奴隶主对于奴隶的行为是法律允许的，那么他不可以保护自己。在这种情况下，源自自然法的自卫行为被实定法所限制，同样实定法也限制了奴隶主对于奴隶的所有权。但如果奴隶主的行为超越了法律允许的范围，那么答案则不同，因为在此情势下，奴隶的行为不被视为民事行为，而是被视为是自然的行为，甚至就是一个自然的行为。

这个帮助我们解决与此类似的问题。封臣对抗其领主、学生对抗老师、士兵对抗将军以及妻子对抗丈夫，这些行为合法吗？这些问题的答案是相同的，即如果意图实施的行为是法律允许的，那么防卫是不合法的。如果行为超越法律，并且有悖于法律义务，将是不合法的，则可以对之进行防卫，如上所述。这个简短的讨论告诉我们，对抗哪些人是合法的，上面的规则可以用来解决大量问题。

第 94 节　代表哪些人宣布这种特殊性战争是合法的?

我们需要讨论的第六个子问题是:代为宣战是合法的吗? 首先是哪些人代为宣战是合法的? 毫无疑问保护自己是合法的。[430] 其它情况讨论如下:

第 95 节　父亲代表儿子合法吗?

第一种情况是父亲代表儿子宣战合法吗? 我们必须承认这种情况的合法性是毫无争议的。父亲爱儿子如爱自己一样。[431] 因为儿子在未来会延续父亲的人格[432],还因为他们被看作是同一个人格[433]。这一点是非常清楚的。反过来儿子代表父亲同样如此。

第 96 节　丈夫代表妻子宣战合法吗?

第二种情况是丈夫代表妻子合法吗。答案是肯定的,因为对于妻子造成的伤害也是对于丈夫的伤害,针对这个行为,他可以提起"侵辱之诉";即使未婚夫也可以采取这个行动[434]。如果丈夫发现某个混蛋和妻子通奸,丈夫可以将其杀死[435]。根据《真本》,他甚至可以杀死在被警告以后还与其妻子闲聊的人,他并没有违法。[436] 由于这个原因,某个人对司铎实施暴力行为的情况亦同。[437]

第 97 节　代表兄弟,姐妹,或者其他亲属宣战合法吗?

第三种情况是代表兄弟,姐妹,亲戚或者其他没有关系的人宣战合法吗? 注释法学派认为应当考虑感情因素。[438] 另有不少学者更认为,代表所有亲属宣战都是合法的。他们认为,如果一个人伤害某人的一个亲属,那就被认为是伤害所有的亲属,尽管其他的亲属不能提起"侵辱之诉"[439]。他们肯认在保护财产时以武力对抗武力是合法的这一观点[440]。一个人希望在以武力对抗武力以保护财产时可以召唤自己的亲戚和朋友。因此他也可以帮助他的朋友和亲戚。因此他们得出结论，代表亲属宣战是合法的，无须任何条件或限制。这个观点似乎应予以肯定，因为一个人对另一个人负有责任[441]，因此出于责任，他可以帮助另一个人。这一点被《优士丁尼法典》所确证[442]；在这个案例中，一个陌生人请求代表一个在刑事审判中被处罚的人，甚至是违背那个人的意愿。这一点也得到《优士丁尼法典》的支持。[443]雅各布·布特里加里乌斯在论及作为武力来使用的法律时，进行了如下区分：我既可以自己的行动保护被伤害的人，而无需他的请求，行动的方式是进行法律诉讼，而不是某种武力行为——前面所引用的两条法律也是应该在此意义上来理解[444]；或者是我不愿意以我的行动来保护受害人，但受害人请求我保护他，那么我甚至可以以某种武力行为行事[445]。另一些学者也区分了不同情况：协助者是受害人的伙伴，那么他可以驱逐伤害他伙伴的人[446]；否则，他就不能如是行为。对这一点，注释法学派没有设置任何限制[447]，奇鲁斯在讨论倒数第三个问题时引用了这一观点。还有一些学者，如拉文纳的雅各布，却认为这种情况是无条件合法的。他们给出的理由是：他人可助我行事[448]，更能助我自保，因为性命之危更重于事务之急[449]。但在该情形，如果该他人是他的儿子，他就会遇到困难。[450]但根据另一文献记载的观点[451]，这种情况不存在任何困难。甚至连受害者本人都不能被允许行动的情况下，协助者也会希望在隔段时间再行动。对他而言，不存在任何困难。[452]在这点上，他与经典[453]的记载是一致的。奇鲁斯在讨论《优士丁尼法典》倒数第三个问题（Vnde vi，1. i）时也赞同这个观点。

经典文献中关于此一问题存在的矛盾，我认为我们应当如此来考虑，我将这一问题至于亲戚与陌生人一视同仁的框架下，无论是亲属还是陌生人都可以以武力驱逐对其施以武力之人，正如当他为了避免神职人员或俗世之人要杀害或伤害他人这种违规行为的处罚时,他可以亲自使用武力。有一个疑问是,在两类案件中,他们是否不会遭受法令或教会法的其他处罚。如果我们回到第一个问题,我说过,按照克雷芒(三世)的观点[454],如果一个人是保卫自己,他可以免受行为违规的处罚,但不含保卫他人,即便是父亲或儿子。因为文献是如此记载:"我们肯认,一个人除非杀死或杀伤袭击他自己的袭击者,否则将死于非命,他可以如此做"。这里说的是袭击他自己的袭击者,而不是袭击他人的袭击者。注释法学派在注释该条时使用的是"自己的"(suum)一词。在这里讨论的情况中,我认为答案是简单明确,与文献记载的一样。但如果要问,他如此行为能否免于法律或教会法的其他处罚,那么我们首先必须区分不同情况。第一种情况,我们讨论破门令,如果有人在神职人员以强制性暴力侵害他人时,以这种方式攻击神职人员,如果该他人是他的父亲、母亲、妻子、儿子或女儿,那么我同意英诺森(三世)的意见[455],他可以免于破门令的处罚。这种情况与前述情况不同之处在于:正如法官合法判决一个人死刑一样,即便没有不法的意图,违规行为也可以被构成。[456]而教会法的破门令适用于被罚之人受魔鬼蛊惑的情形。[457]但如果某人正攻击一个陌生人,即便可能是在受害人万般恳求的情况下才如此做,他也不能免于教会法的这种处罚。第二种情况,我们讨论另外的处罚,人身处罚或财产罚。我们还需区别不同情况:看行为人使用暴力帮助的那个正遭受暴力侵害的人是他的亲戚还是一个陌生人。如果他们是亲戚关系,我赞同注释法学派的观点。[458]如果是陌生人,要么帮助者是受害人所属社团的成员,那么帮助行为是合法的[459];要么他不是受害人所属社团的成员,或者他想在侵害已经停止之后实施防卫,那么他不能这么做[460],因为即便是受害人本人也不能如此做,我指的是实施事后防卫。但他们可以在事后寻求法律保护,这是法律许可的。[461]基于此,我认为雅克布·布特加里鲁斯认为他们可以无条件寻求法律保护的观点是不正确的。不正确之处就在于认为无条件。很多案子中，第三方是不能提起诉讼的，或者代表受害人提起控告。这种情况在私犯中是常见的。因此，只有当法律许可时，雅克布的观点才是正确的。不过，如果防卫者意欲在侵害当时实施防卫，那么我会作出与雅克布同样的区分：要么，他们是被受害人召唤，则他的行为是合法的；因为一个遭受侵害的人可以召唤他的朋友来保护他的财产[462]，因此他当然可以召唤朋友来保护他的人身，后者远比财产更重要。[463]或者是，他们没有被召唤，那也是合法的。[464]因此，我认为对于这种情况，拉文纳的雅克布的观点是正确的。就是刚刚引述的这个文献(ch. *dilecto*.)记载："因此，任何人都被允许帮助他的邻人或亲戚免受侵害。"

第 98 节　一个人一定要保护另一个即将被杀害的人吗?

第四种情况是：如果一个人看见另一个人即将被杀害，除非他出手相救，他是否应该出手相救。似乎他应该。[465]这一点可予以肯认，因为一人对于另一人负有责任。[466]一个人把另一个人从胁迫中解救出来可以接受酬谢。[467]在这些情形中，一个人必须帮助他人，这是一个特别的规定。[468]因此，普通法的规定是相反的。[469]另一种解释意见认为一个人可以用话语帮助他人，而非行动。[470]反对意见认为个人并不欠另一个人什么，因为只有在行动时自己没有危险却拒绝帮助，他才有所亏欠。[471]

第 99 节　谁必须保护他人免受暴力侵害?

第五种情况涉及谁必须保护他人免受暴力侵害？这个问题引入很多子问题。

封臣必须要帮助领主吗?

最先涉及的是封臣。毫无疑问,他必须帮助其领主;否则他将失去他的封地[472]。

第 100 节　奴隶一定要帮助他的主人吗?

其次,奴隶是否必须奴隶主? 答案非常明确,他必须如此。[473]

第 101 节　在战争中,士兵必须保护长官吗?

再次,士兵在战争中是否必须保护长官? 答案也是很清楚的,士兵必须保护他的长官,如果他能够的话;否则他将被处死[474]。

第 102 节　领主和父亲同时遭袭,封臣应当救谁?

第四涉及的问题是:一个封臣目睹领主和他的父亲同时受到攻击,除非他出手相救,否则将面临同样的生命危险,而他只能救助一个,他应该救谁呢? 注释法学派曾经认为,如果两方发生冲突,封臣必须要帮助领主对抗自己的父亲。[475]理由是儿子对父亲负有义务和责任是基于自然法,而封臣对他的领主负有义务和责任则是基于他的誓言的约束。[476]根据这一意见,我们此处涉及问题的解决方案就是,由于对领主的义务和责任更重大,因此他必然要救领主。我的看法正好相反。子乃父所出,这种自然结合使他对父亲负有义务和责任。同时,基于民事的结合,他处于"家父权"之下,对父亲也负有义务和责任。而对于领主,他只是基于民事结合负有义务和责任。[477]双重结合强于一重。[478]基于债务的优先性原理,父子之间的结合优先于他与领主的结合,封臣应该首先救他的父亲。[479]因此可以确定:对领主的誓言不言而喻要列于在先义务之后;某人已经取得的权利不能被后发生之义务而破坏[480]。在宣誓帮助领主的时候,封臣并没有宣誓帮助领主而不帮助自己,因为帮助自己是他的第一职责。[481]法律上将父亲和儿子拟制为同一人格。[482]据此,封臣应当先救助他的父亲。

第 103 节　当一名神职人员眼见其主教和他的父亲同时遭到攻击,皆命悬一线,他应当救助谁?

　　最后涉及的是:假设一名神职人员眼见其主教和他的父亲同时遭到攻击,除非他出手相救,皆有性命之忧,而他却只能救其中一个,他应当救谁,主教还是他的生身父亲? 霍斯廷西斯以这里使用的词汇"fratri"起论,认为神职人员对精神上的父亲(主教)负担的义务和责任较之其对生身父亲所负之义务与责任更重。[483]他还引述经典文献[484]来印证这一观点。如果这一观点是正确的,那前面所提到的问题就迎刃而解了。但关于这个问题,我的个人观点一如既往。在此,我引用〈诉请〉最后一节的观点,该节认为,如果一名神职人员对教会提起诉讼,且并非代表其家族,那么他将会因此丢掉他的圣职;因此,非常清楚的是,该名神职人员可以代表他的家族提起诉讼。当我讨论最后一个问题时,我将引证〈裁判官〉"请求"一节的论述,并对该问题给出理由。注释法学派在注释短语"更多"(multo magis)[485]时,指出在进行世俗服务时,我们对生身之父的义务与责任较对精神之父的为重。但对于神职人员,情况则相反。注释法学派持同样的观点。[486]

第 104 节　为保全什么样的财物宣战是合法的?

　　我们在上面部分讨论了能否宣战以及为了保护哪些人宣战是合法的,我们的下一大问题是:为了保护财物而宣战是否合法? 这一大问题又衍生出不少子问题。

　　为保卫合法占有的财物而战是否合法?

　　首先是有关合法占有的财物;毫无疑问,答案是肯定的[487]。以下文献也支持这一观点。[488]此外还有一些经典文献的记载[489]支持这一观点。

第 105 节　为保卫非法占有的财物而宣战是否合法？

第二个子问题是，为保护非法占有的东西而宣战是否合法？在《优士丁尼法典》的一条解释[490]讨论了这一问题。这一文本是一份有效的论据，从该文本的反面意义立论[491]，答案似乎是否定的。相反观点的论据也来源于经典文献。[492]

解答：对于这些法律之间明显冲突的地方，上文提到的那条注释中提出了几种解决方案。首先，"maxime"这个词在此处是可以理解的；这一词汇使得矛盾得以解决，因为它甚至使非法占有变得合法。第二，法律以此开始以此结束，因此它被读作"公平合法"(recte licet)。但是本法在中间部分给出了相反的论述，"善意"(sine vitio)。因此，这意味着，当占有是"恶意"(cum vitio)的，结果将是不同的。第三，合法占有人为保卫占有而发动战争始终是合法的，但对于非法占有人并不总是合法的。如果原所有人马上要回来，非法占有人不能阻挡他。[493]第四，正确的解释是，"既不是暴力取得，也不是秘密获取，但也不是经许可获得"；但这一注释不赞成这种解释。然而，拉文纳的雅各布同意这样的解释。他认为，人皆愿保护自己的占有，因此如果某人以暴力侵夺他人非法取得之占有，该他人可以即时自卫，但不得在侵夺已经完成之后防卫。但如果他从另一个人那里非法地取得占有，该人可以随时捍卫它。这就是法律上所说的非法占有总比陌生人占有好。[494]在这里，拉文纳的雅各布斯似乎认为，我也许会排除秘密占有人，如果他的秘密占有是针对我，因为秘密占有是非法的。[495]对此，他引用如下文献支持自己。[496]注释法学派在评注[497]中采用了这一意见。奇鲁斯持相反观点，理由是没有任何一部法律规定我可以驱逐一名秘密所有人。此外，法律规定我可以以暴制暴；但对于秘密占有人却不能使用暴力,因为秘密占有和通过暴力占有有所不同[498]。在占有人拒绝恢复占有之后,拉文纳的雅各布斯关于获得许可的占有人的意见可能是对的。因此,他的行为更像是抢劫,正如〈优士丁尼法典・论占有之取得・恶意〉一节指出的那样。

在这数种观点中,我认为注释的第二种解答是正确的;贝拉佩提卡的佩特鲁斯也持相同看法,但将其详细阐述如下:"不管是合法占有还是非法占有,我都希望排除暴力干预。如果是合法占有,我希望要么立即在正当防卫的限度内排除暴力,这我可以做到[499];要么是在事后排除,我并不如此作[500]。第二种情况,即非法占有时,我排除的暴力干涉要么是针对你,要么是针对另一个人,以此来保卫我的占有。如果是针对你,那么我的占有要么是强制的,要么是秘密的,抑或是得到许可的。如果我的占有是强制占有,你要么是立刻回复占有,在这种情况下,我不能抵抗你[501],如果我们从相反的意义立论的话"。这是该句陈述真实和正确的意思,如果它是被正确地考量并与被引用的相反陈述一起考量的话。但如果你事后防卫,我就可以抵抗你,因为你不能在事后单凭自己的权威回复占有,甚至你将因为该行为受到处罚[502],而且"事后"这一短语应在注释给出的意义上理解[503]。但如果我的占有不是强制占有,而是经过许可的,并且我拒绝放弃,你可以立即以武力排除武力,我则不能抵抗。若我拒绝回复占有,则被视为是经由抢劫你而获得占有的[504],由此你可以以武力排除武力;但在我拒绝之前,即使我可以撤回意思表示[505],你也不可以以武力排除。但如果我的占有对你是秘密占有,那么无论注释法学派[506],还是拉文纳的雅各布斯[507]都认为是可以防卫的。我同意奇鲁斯的意见,即你不能驱逐我,但你可以进入,如果我不承认你,我的占有就变成强制占有[508],然后你就可以驱逐我。但如果我的占有对你不构成非法占有,只对第三人构成,那么如果你尝试在任何时候对我使用暴力,我都可以以武力排除武力[509]。有关这一疑难问题,诸多高贵饱学之士提出了很多意见,对于这些意见我都给予了高度的尊重,并力图汇通义理,去芜存菁,以求真理。

第 106 节　有权保卫财产者在正当防卫的限度内实施防卫,如果杀死或杀伤他人,能否免受因违规行为本应科处的处罚?

第三个子问题是,如果一个人为保护自己的财产,以武力排除武力,杀死或杀害了攻击者,能否免受因违规行为本应科处的处罚? 我假定他是在正当防卫的限度内实施防卫的,否则就不会出现这一问题。答案似乎是他可以免于处罚。因为为捍卫自己的人格而自卫的人可以免于处罚。[510] 所以,这一结论也适用于为捍卫自己的财产而实施的自卫。在法律允许以武力排除武力并未因人身和财产而有所不同,两种情形都能使用[511],反对观点见于前引之克雷芒(三世)的著作[512]。这些文本都强调杀害或杀伤袭击者的人应严格限定为被攻击者本人。我认为这种观点是正确的,理由如下:一个人杀害或杀伤他人,即构成违法行为,即使他没有犯罪意图,正如法官在判决中确认的那样[513];甚至是意外失手杀死他人,亦同[514]。任何人无论以何种方式伤人性命,都构成"违法行为",但法律排除其违法性的除外。而正当防卫排除违法性就是例外,正因为法律设定例外规则只是法律的异常现象,所以例外必须从严解释并限定在特定意义内。[515]

第 107 节　一个人为保卫自己的财产而攻击神职人员,是否应受到破门令的处罚?

第四个子问题是,一个人为保卫自己的财产,以武力反抗武力,攻击了神职人员,是否应受到破门令的处罚? 他似乎应该受到处罚。[516] 这一点应于肯认。正如在上一个问题中,他应受到违法行为应受的处罚。因此,在这里他也应当受到处罚,因为两者都是精神的处罚,而且很显然,相比违法行为应受的处罚,他更可能受到破门令的处罚。

解答:英诺森(三世)认为,人们以武力排除武力不应招致破门令的处罚,尤其是在正当防卫的限度内,如果不攻击袭击者,他就不能排除暴力。[517]我认为这种观点是正确的;我的理由是,正如有文献记载的那样,因以暴力方式攻击神职人员而招致破门令处罚,必须是有信服魔鬼的情况存在。[518]如果你正确地检视因攻击他人而对攻击者科以破门令处罚的法律,你会发现袭击神职人员的案件并不属于法律宣布科以破门令的案件类型之一。法律惩罚暴力。[519]但这种情形不属于暴力,而是排除暴力。他们惩罚的是轻率鲁莽地使用暴力。[520]而这里并非如此。事实上,是一个独立的法律许可,他们惩罚它仿佛它是暴力。[521]自卫是一种值得尊重和为法律所允许的行为。一旦给出关于某个受害人的救济指示,他们就惩罚暴力。[522]当一个许可依其名义行事时,它们惩罚的是意图。[523]当然,他们也处罚过失伤人。[524]但这里并不存在此种情形。

反对意见引述的依据很容易回答。对正典(si quis suadente)的回答如上述。至于什么是违法行为,显然可以有非常不同的理由。如果没有违法的意图,没有人会被科以破门令之罚,但却可以构成违法行为,此可参见此前频繁引述的引克雷芒(三世)(si furiosus)的倒数第二个评注。

第108节　人们能否召唤朋友帮其保卫自己的财产吗?

第五个子问题是,人们在其财产遭受暴力侵夺时,能否召唤朋友以帮助排除暴力,以及朋友能否提供此帮助?注释法学派认为,当有人意欲暴力侵夺财产时,人们可以如此做。[525]我认为这一意见是正确的;我的理由是,正如法律所规定的那样人们可以反对错误。无论在何处,反对错误都是允许的。否则,不反对错误的人看上去就是在赞许错误[526]。因此就像我上面说的,朋友们可以以这种方式帮助他们的邻居,因为这种行动植根于仁爱。[527]如果这是允许的,那么当某人为保卫邻人的财物免受暴力侵夺而攻击了神职人员,他是否会受到破门令的处罚?答案当然是:他不会受此处罚。因为根据教会法,这不是一个应受惩罚的行为,反而是被允许的行为。

第 109 节 为保卫财产,人们可否以武力排除武力的方式针对那些使用武力保卫自己人身的人?

第六个子问题是,为保卫财产,人们可否以武力排除武力的方式针对那些使用武力保卫自己人身的人?答案是:有能力拥有财产者可以这样做;但要排除奴隶,僧侣以及类似的人等。但我承认,防卫的限度应该因人的特质而不同。相较于对一个完全陌生的人,人们对待其父亲则应有所不同,应该更加恭顺温和。正因为法律不能规定所有的情形,所以各种关系都应当考虑,各种情势也务必斟酌。[528]

第 110 节 能否为保护寄存物或借用物而以武力回击武力?

第七个子问题是,人们能否为保护寄存物或借用物而以武力回击武力?人们似乎不可以这样做。[529]因为这些东西不是借用人或保管人"拥有的",因此,他不可以以武力排除武力。解答:在此类以及类似的情况下,我们主张一个人可以以武力回击武力;"暴力抢劫财物禁令"允许借用人或保管人在财物面临暴力侵夺时自卫[530],不仅因为自卫的权利允许他们这样做[531];还因为他们有责任这样做。所以,他们可以自卫。《优士丁尼法典》并不反对这一点,虽然它使用短语"占有中"(in possessione),但它并不排斥其他形式的"占有"(detention)。如上所述,法律允许对这些占有提起诉讼。或者我们可以说,应在广义上理解"占有"（possidere）一词，包括合法占有[532]。

第 111 节　如何宣布发动这种特殊的战争？

我们必须考虑的第七个主要问题是，如何以暴力排除暴力？

如何在正当防卫的限度内以暴力排除暴力？

经典文献的回答是在正当防卫的限度内都是允许的。

什么是"正当防卫的限度"以及需要满足什么条件？

但其含义是模糊的；正当限度的条件是什么？罗马法博士们都认为是与暴力对等，与攻击手段和持续时间对等。还必须与暴力行为本身对等，以免超过限度。超过限度将被视为报复。但这种区分本身是有疑问的。

第 112 节　当一个孔武有力的壮男以拳脚相加时，一个既穷且弱的人能否使用刀剑抗击？

首先，假设一个孔武有力的人对我饱以老拳，而我既贫且弱，无法以拳头对抗。我可以以刀剑保护自己吗？似乎是可以的，因为平等始终受到重视[533]。在另一方面，如果一个人试图对我实施暴力抢劫，而我在身体的力量无法与之匹敌时，以刀剑击之，却需要对意欲侵害我财产的人进行损害赔偿，这种赔偿是不应该的[534]。

阿瑞拉的雅各布斯对此做出了区分。人们希望排除针对其人身或财产的暴力攻击。在第一种情况下，如果以其他方式事态不能得到有效平息的话，我可以使用武器和任何手段[535]。当我不认识他时，或者当我不能求助于法官帮我取回失窃物时[536]；若这是挽救我生命的唯一方法，那么我当然可以杀死此盗贼。在第二种情况下，暴力物业，或者是这种暴力可能通过诉诸法律而矫正，在这种情况下，我不得按我所欲随意选择某种方式来保卫我的财产。即是说我只能使用某些武器,而不能为某些行为。因为如果这种非法行为能通过法律得以矫正,那么我不应该为了保护自己的财产而攻击他人,即使是以任何其他方式都无法保全财产时亦同。但如果不能通过法律矫正,那么我就可以任何方式保全我的财产,甚至杀死袭击者[537]。《优士丁尼法典》也是如此理解的[538]。因此,"正当防卫的限度"这一表述应该在这个意义上来理解。

第 113 节　假设人们可以"无限地"防卫,那么"无限"一词应该如何理解呢?

第二个子问题与时间的经过有关,因为文献上说,它必须"无限地"实施。这一表述是什么意思? 有人认为,如果是在侵害实际发生时实施,那么一个行为就可以"无限地"实施;但如果侵害已经实施完成,那么我们就应该求助于法官。另有人认为,即便是在事后实施,但只要该他人尚未转向其他事务,也可以实施"无限"防卫。[539]雅克布斯和佩特鲁斯对此加以区别。在以暴力攻击人身时,如果攻击行为正处在实际进行中,我们说可以"无限"防卫。[540]而在以暴力侵害财物时,假如我们是在转向其他事务之前防卫,即便侵害行为已经完成,我们仍能"无限"防卫。[541]进行这种区分的理由是:对人身的侵害无法在事后获得补救,而财物被夺可以在事后回复;所以,正如解释意见说指出的那样,如果一个人没有转向其他事务,如先寻找他的朋友,然后回来回复财物,也可被称为"无限"防卫[542]。因此,时间流逝的限制应该从这个意义上来理解。

第 114 节　对于一个等同于暴力本身的行为应该如何应对?

第三个子问题涉及到与暴力行为对等的防卫行为的限度,也就是说,它必须是防御性的,而不能是报复性的。虽然这个主题处理的方式多种多样,但应联系各个当事人的条件通盘考虑。

第115节　如果在我驱逐我财物上的占有人之前,他为占有回复之诉提供了保证,我还是驱逐了他,那么我就被视为是报复性防卫,而不是防御性自卫吗?

第四个子问题是,有人剥夺我的占有,并在事后已经准备为占有回复之诉提供保证,但我仍然驱逐了他;即使他似乎不是合法地行事;我的行为仍将被视为报复性的吗?注释法学派认为是这样。[543]但这一评注意见未得到普遍赞成。人们不应该相信脆弱的保证。[544]

第116节　当一个人正准备攻击我,我是应该等待他已经攻击才自卫,还是可以先发制人?

第五个子问题是,如果我看到一个人正准备攻击我,我是应该等着他攻击我时才反击,还是可以先发制人?上面引述的解释意见辩证正反观点,最终确定为:我不应等着他攻击时才还击。佩特鲁斯说,在解释这个评注时,我们必须区分两类人。一种人是胆大妄为,蠢蠢欲动,不能等到他们攻击才自卫;而另一种人则是怯懦的,对这些人不敢先发制人。佩特鲁斯以这种方式清晰地界定了评注。[545]

第117节　一名士兵遭邻人袭击,尽管他能够逃走,但如果他等着邻人攻击,再还击,他是否被视为是以暴制暴?

第六个子问题是这样的:一个优秀的士兵遭邻人袭击,并且能够以逃离的方式躲避攻击;但他认为这样是一种耻辱,因此他等着邻人攻击,并进行反抗,他应该被视为是以暴制暴吗?根据《阿奎利亚法》[546],似乎不是。但现代法学家持相反意见。[547]《关于阿奎利亚法》

中的一节(D. 9, 2, 45, 4)并没有不一致的地方,因为人不能避开邻人,又不伤到他自己的名声和荣誉,这些东西是不能由法官来修复的。[548]

第118节 如果一个受伤的人,在伤害已经形成之后,追赶攻击者,并攻击他,他会被视为"恶意的"或"有罪的"而受到惩罚吗?

第七个子问题是:一个受伤的人,在伤害已经形成之后,追赶攻击者,并且攻击他,这是不合法的(Ad legem Aquiliam, 1. si ex plagis, § i, and l. qua actione, § si in colluctatione);他会被视为"恶意的"或"有罪的"而受到惩罚吗?有些人认为,他是"有罪的",因为偶然的愤怒不是"恶意"(Ad S. C. Turpil., 1. i, § quoeri; Ad leg. Corn. de sica., 1. Iv, § cum quidam; De poenis, 1. respiciendum, § delinquunt)。另一些人认为是"恶意的",因为他不应该自己报仇。阿瑞拉的雅各布斯认为,第一种观点更人性化(De poenis, 1. Interpretatione; De reg. Iur., 1. in totum);第二种观点更严格(《优士丁尼法典》[De iniur., 1. si non convicii])。我认为第一种观点更正确,即便是作为法律情势也是应当首先引用法律的权威。

第119节 被袭击者的朋友能否帮其排除暴力?

第八个子问题是,被袭击者的朋友能否帮其排除针对其人身的暴力?正如解释意见指出的,就像针对其财物的暴力一样[549]。但依据的是一个权威文献《优士丁尼法典》的另一条注释[550]则认为不可以[551]。其他人则视不同情况而定。被暴力袭击者的朋友要么是他的随从,要么不是。在第一种情况,朋友出手相助就是合法的。[552]在第二种情况下,则是不合法的。不过,阿瑞拉的雅各布斯认为它在任何情况下都是合法的。因为如果其他人可以帮助我们处理事务[553],那么他们当然可以帮助我们保全人身,须知人身比财物更优先[554]。《土地附属物法》并没有不一致之处,因为在那里,委托是在事后给出的,即便是由本人作出这种委托(也)不是合法的。有文献(l. *ut vim*)反对这种观点,认为它说的是"保护自己的人身"。[555]

第 120 节　奴隶按照主人的命令杀死了主人的妻子,能否被赦免?

第九个子问题是:假设一个人命令奴隶杀死他的妻子,因为他怀疑她通奸,并威胁说,否则将杀死奴隶,其后奴隶杀死了他的妻子,奴隶能被赦免吗? 似乎是不能。因为一个人应该承担所有的罪恶,而不是同意罪恶。[556]这似乎也得到文献的支持。[557]相反的观点见于《法学阶梯》[558];他们认为,他如此做是为了保护自己的人身,因此,应当是可以赦免的。拉文纳的雅克布区分了不同情况:要么这位被疑通奸之妻无论如何都会被杀死,要么她不会被杀死[559]。佩特鲁斯认为,奴隶在任何情况下都应被赦免,因为他如此做是为了保护自己的人身安全。[560]还因为慈悲总是始于自己[561],此外,挽回自己的生命是合法的[562]。我认为应当视不同情况而定。除非奴隶杀了他主人的妻子,否则他自己必死无疑,那么我觉得佩特鲁斯的观点是正确的。而如果即使他违抗主人的命令,仍有安全的希望,那么我赞同另一种观点,依据的正是上面所提到的法律的权威。

第 121 节　特殊性战争的目的是什么?

至于最后一个主要的问题,即这种战争的目的是什么? 这个问题的答案上文已经进行了清楚的说明。保全自己和自己的财产是这种战争的结束,这也是其最终的趋势,前面的讨论也清楚地解释了为什么它是被允许的。

注释

1. De aqua pluv. Arcenda, 1. *si usque*, last section.

2. xxiii, q. i, *noli*.

3. xxxii, q. v, *si Paulus*.

4. De captivis, throughout; xxiii, q. i and q. ii.

5. De iustit. et iure, 1. ut vim; *De vi et vi ar*. 1. i, § vim vi.

6. Ad legem Aquiliam, 1. *scientiam*, § *qui cum aliter*; De vi, 1. i; De restit. spol., ch. *olim*; Clems..

7. Authentics, ut non fiant pignorationes; Sext, De Iniuriis.

8. De rei vindicatione, 1. *qui restituere*.

9. C. De gladiatoribus, the single law; De pugnantibus in duello, the whole title.

10. De Pœnit., dist. ii, ch. *principium enim*.

11. Isaiah, ch. xiv.

12. i, q. vii, *quod pro remedio*; i, q. i, *quo pro necessitate*; dist. lv, priscis; dist. lxi, *neophitus*; i, q. i, *detrahe*; De baptis., *debitum*.

13. Physics, vii and viii.

14. Ecclesiasticus, ch. iv.

15. Genesis, ch. xiii.

16. James, ch. [v]iv.

17. Isaiah, ch. xxviii.

18. Ephesians, ch. vi.

19. Jeremiah, ch. lvi.

20. I Samuel, ch. xii.

21. Jeremiah, ch. iii.

22. Job, ch. xiv, above.

23. Ephesians, ch. vi.

24. xi, q. iii, *qui resistit*.

25. xvi, q. ii, ch. *vivis*.

26. De Pœnit., dist. ii, ch. *si enim*, about the middle.

27. iii, q. i, *nulli and* ch. *Verum*, originally from I Peter, ch. v.

28. xxxii, q. v, *si Paulus.* dist. vi, *sed pensandum*; De constitutionibus, *nam concupiscentiam*.

29. xxiii, q. i, *nisi bella*.

30. Genesis, ch. viii; xii, q. i, *omnis cetas.*

31. De iustit. et iure. 1, *ex hoc iure*.

32. i, q. ii, *quem pio.*

33. xxiii, q. i, *noli*.

34. [Proverbs, ch. xxii]; [xxiii, q. i, ch. *item cum in Proverbiis*].

35. Sermon on the Centurion's Son, xxiii, q. i, paratus, *nam corripiendo.*

36. xxiii, q. i, *paratus*, at the words *ac per hoc.*

37. Romans ch. xiii; quoted xxiii, q. i, quid culpatur.

38. De Pœnit. , dist. i, ch. *sed continuo*; De excessibus praelat. , ch. *clerici*; Authentics, coll. vi, ut non luxu. contra naturam, near the end.

39. xxiii, q. ii, *Dominus Noster*.

40. xxiii, q. ii, ch. *notandum sane.*

41. xxiii, q. iii, ch. *si quis fortitudinem*.

42. xxiii, q. iv, ch. *ea vindicta*.

43. 2. Kings, ch. i; and ch. *ea vindicta.*

44. 1. Kings, ch. xvii and xviii.

45. xvii, i, *Ananias*; xxiii, q. iv, *ea vindicta*, at the end.

46. xxiii, q. i, *si quos.*

47. Exodus, ch. xxii.

48. Exodus, ch. xiv.

49. 1. Samuel, ch, xv. These passages are quoted in xxiii, q. v, ch. *hinc apparet*.

50. Exodus, ch. xiv.

51. Numbers, ch. xiv. These passages are quoted in xxiii, q. v, *quid ergo.*

52. xxiii, q. iv, ch. *Nabuchodonosor*, *and* ch. *de Tiriis*; De Pœnit, dist. ii, ch. *sicut enim*; Aristotle, Ethics, iii.

53. dist. i, *ius gen*.

54. De iustit. et iure, . 1. *ex hoc iure.*

55. De iustit. et iure, 1. i, § *ius gen.*, *and* § *ius naturale*, and 1. *ex hoc iure*; dist. i, *ius naturale,* with the golss thereto, and ch. ius naturale.

56. De pœn. et remiss., ch. *cum infirmitas*; De sac. sanc. eccles., 1. *sancimus*; xxxiii, q. v, ch. *haec imago.*

57. De usuries, 1. *in pecudum.*

58. 这一观点详见关于《论正义与法律》(1.临时法以及第 1 节万民法)的评注。

59. dist. i, ius generale.

60. ii, q. i, *multi.*

61. Mattew, chs. v and vi, at the end.

62. dist. xlv, *De Iudceis.*

63. 1. Timothy, ch. vi.

64. vii, q. i, *in apibus*; ix, q. iii, *cuncta per mundum*, and ch. *per principalem*; Ad leg. Rhod. de iact., 1. *deprecatio.*

65. Mattew, chs. vi.

66. Innocent, De voto, *quod super his.*

67. Ad municipalem, 1. *Roma.*

68. De aqua pluv. arc., 1. *si prius.*

69. De legat., iii, 1. *si quis in prinipio.*

70. De captivis, 1. *in bello,* § si quis servum.

71. De captivis., Hostes; and De verbor. significatione.

72. C. Vt usus armorum, in red; Authentics, De mand. princ., coll. Iii, and Authentics, De armis, coll. vi.

73. De iudiciis, *novit*; Qui filii sunt legiimi, *causam* 以 及 ch. *per venerabilem*; De appell., *si duobus.*

74. xi, q. iii, iulianus.

75. De natis ex libero ventre, the single chapter; De restit. spol., conquerente.

76. xi, q. iii, privilegium; De decimis, suggestum.

77. De translatione, quanto, § ne autem.

78. De hereticis, excommunicamus, i, § i.

79. De elect., venerabilem; Sext, De re iudic., *ad apostolicce.*

80. xv, q. vi, *nos sanctorum*, and ch. *Iuratos*; and note De hereticis, *excommunicamus*; De pœnis, last chapter; and in this matter, Hostiensis, De reti. spoliatorum, *olim.*

81. xv, q. vi, *iuratos*; and ch. *nos sanctorum.*

82. De his qui not. infam., 1. ii. .

83. Ex qui. caus. Maiores, the last law but one; De his qui non implet. stipend., book x, 1. i.

84. 1. *collators*, at the beginning.

85. C. De re military, 1. *milites.*

86. De re milit., 1. *desertorem,* § in bello.

87. De re milit., 1. *nemo milites*, and 1. *qui militares*; C. De locat. et cond., 1. *Milites*; C. De Procur., 1. *Militem.*

88. De re milit., 1. *milites.*

89. De re milit., 1. *ingentis.*

90. Vegetius, De re milit., book i, ch. xx.

91. Vegetius, De re milit., book iii, ch. xiii.

92. C. De iurisd. omn. Iudic., 1. *magisterice*; De re milit., 1. *tam collatores.*

93. De re milit., 1. ii.

94. De re milit., 1 iii, § i, § *is qui*, and 1. *Proditores.*

95. De re milit., 1. *omne delictum*, and 1. iii, last chapter.

96. De re milit., 1. iii.

97. De re milit., 1. iii.

98. De re milit., 1. *non omnes.*

99. De re milit., 1. iii, last chapter, and 1. *qui commeatus*, and 1. *non omnes.*

100. De re milit., 1. iii, § *emansor.*

101. De re milit., 1. *non omnes.*

102. De re milit., 1. Iv.

103. C. book xi, De athletis, 1. i; De his qui not. *infam.*, 1. Athletce; Ad leg. Aquil., 1. *qua action*, § *si quis in colluctatione*; De pugn. *in duello*, throughout; C. De gladiatoribus; De torneamentis, throughout.

104. De pœn. et rem., *cum infirmitas*; xii, q. i, *prœcipimus*; xxiv, q. iii, *si habes*; C. De sacrosanctis eccles., 1. *Sancimus*.

105. Aristotle, Ethics, iii.

106. De testi., 1. *ubi numerus*; causa iv, q. iii, § *ubi numerus*; De reg. iur., book vi, *rule pluralis*.

107. dist. xli, *scepe*; De consuetudine, *ex parte*.

108. Aristotle, Ethics, iii.

109. Aristotle, Rhetoric, i.

110. De reg. iur., 1. omnis definitio; Depositi, 1. i, at the beginning, and Depositi, 1. *bona fides*.

111. Aristotle, Ethics, ii.

112. Ad leg. Falc., 1. *si is qui quadringenta*, § *qucedam*; Locati, 1. rei, § opere; De verborum sign., 1. *cedificia*, § *perfecisse*, and same title, 1. *quce forma*; I, . i, detrahe; De bapt., debitum.

113. De questionibus, 1. *unius*, § *si servus*; De decur., 1. *Generaliter*; C. De epics. et cleric.; causa xvi, q. i; De appell, ch. *cum cessante*; De iureiurando, ch. *esti Christus*.

114. De instit., 1. *sed si pupillus* § *si institoria*; De reg. iur., 1. *ius nostrum*; De verb, sig., 1. *hœc verba*; Authentics, coll. iii, De mand. Princ.; dist. xxxii, *hospitiolum;* and similar passages.

115. De neg. gest., 1. i; De senatoribus, 1. *qui indignus*; De sacrosanctis eccles., Authentics, *multo magis*; Sol. matrim., 1. *ex deverso*, § i; De epi. et cle., 1. *si qua per calumniam*; xxii, q. v, *si Paulus*; viii, q. i, *si ergo*; vi, q. i, *imitare*; dist. xl, *qucelibet*; De elect. *cum in cunctis*.

116. De rebus creditis, 1. ii, § *appellata*; in procemi, § *discipuli*; De epics. et cler., 1. *decernimus*; Deverb. sig., 1. *tugurii*; same title, 1. *tugurium*; De legatis iii, 1. *librorum*, § *quod si papyrus*; dist. xxi, cleros; xvi, q. i, *si cupis*; De

praebendis, ch. *cum secundum*.

117. De sum. trinit, et fid, cathol. , Epistole, inter clars; De bonis quae liber. , 1. *cum mut*; De rer. div. , 1. *in tantum*, § *cenotaphium*.

118. in procemio, about the beginning; Authentics, col. i, De monachis, about the end; De. legat. iii, 1. *si chorus*, § *his verbis*; De vet. iure enucl. , 1. ii, § *quce omnia*; Sext, De elac. , *quam sit*.

119. De iust. et iur. , 1. *iustilia*; Instit. , same title, § *iustitia*; xii, q. ii, *cum devotissimam*.

120. De offi. eius cui mand. est iurisdictio, 1. i, § *huius rei*; Mand. , 1. *si per procuratorem*, § *ignorantes*; De his quae fi. a praelat. , ch. *cum apostolica*; De conversatione coniugatorum, ch. *cum virum*.

121. xiv, q. vi, *sires*; De usuries, *cum tu*; De usurp. , 1. *sequitur*, § *quod autem*.

122. Vnde vi bon. rapt; and C. , under that title.

123. xii, q. i, *dilectissimis*.

124. dist, vii, quo iure, and § i.

125. xxii, q. ii, ch. *primum capitale*.

126. 原文有遗漏——译者注。

127. De neg. gest. , 1. *atqui natura*; dist. iv, *denique*; dist. vi, *nunc de super-fluitate*.

128. De rebus creditis, 1. ii, § ii; De furt. , 1. *apud antiques*, "*quam*"; De in integr. restit. , *[nemo] non videtur*.

129. Ex quibus causis major. , the last law but one; book x, De his qui non imple. strip. , 1. i.

130. xxxii, q. v, *horrendus*; De iureiurando, *quemadmodum*; De adulteriis, 1. *si uxor*; De decur. , the last law but one; De decur. , the last law but one; De reg. iur. , book vi, rule *quod semel*, and rule *mutare*.

131. xii, q. i, *precepimus*; xxiv, q. iii, *si habes*; De sacrosanctis ecclesiis, 1. *sancimus*; De pœni. et rem. , *cum infirmitas*.

132. Instit. , § *iustiia*; xii, q. ii, *cum devotissimam*.

133. dist. vi, pal. , *sed pensadum*; De consit. , *nam concupiscentiam*.

134. C. book x, De athlet, the single law; De his qui non implet. stip. , 1. i, in the same book; vii, q. i, § *hinc etiam*.

135. De rit. num. , 1. *palam* ii.

136. xxxii, q. v, [*Lucretiam*] *proposito*, § *Lucretiam*, and [ch.] § [*fieri*] non potest fieri and [ch.] § *finge, de pudicitia*; xxxiv, q. i, *non satis* and ch. *nec solo*, ch. *qui viderit*, ch. *non mcechaberis*.

137. xii, q. ii, *cum devotissimam*.

138. xxxii, q. v, ch. [*Lucretiam*] proposito, and [ch.] § *finge, de pudicitia*.

139. xxxii, q. v, *non potest*, and ch. *nec solo*, ch. *qui viderit*, ch. *non mœchaberis*.

140. i, q. ii, *quam pio*, and De simonia, throughout.

141. De captivis, 1. *in bello*, and 1. *postliminium*; book xi, De gladi. , the single law.

142. cause iii, q. iv, *Nabuchodonosor*, and ch. *de Tyriis*; De pœnit. , dist. i, *sic enim*.

143. De Cœlo et Mundo, book i.

144. xvi, q. i, *prœdicator*; De celebr. missar. , *cum Marthce*; De donat. , ch. i.

145. De neg. gest. , 1. atqui natura; dist. iv, denique; dist vi, *quia de super-fluitate*.

146. De ritu nupt. , 1. *si quis*; De iur. fisci, 1. *non intelligitur*, § *si quis palam*; Communia praed. , 1. *receptum*; De quro et arg. legat. , 1. *et si non sint*, § *perveniamus*.

147. De Carbon, edicto, 1. *quod Labeo*; Ad municipalem, 1. i, at the end.

148. De pœnit. , dist. ii, *ergo*, and ch. *corpus*, ch. *Proximos*.

149. Authentics, De consan. et uter. frat. , at the beginning; De sent. excom. , *cum pro causa*; iii, q. iv, *Engeltrudam*; De offi. delegat. , *prudentiam*, at the beginning.

150. Communi divid. , 1. *arbor*; Si quis ius dic. non obtemp, 1. i; De stat.

hominum, 1. *quceritur*.

151. De act. emp., 1. *Iulianus*, § *procurator*; De instit., 1. *sed si pupillus*, § *si institoria*; De verb. sig., 1. *hœc verba*.

152. De pœnit., dist. iii, *irrisor*; De pœnit., dist. ii, *pennata, and* ch. *non revertebantur*; De in rem vers., 1. *si pro patre*, § *et versum*.

153. De adultery., 1. si adulterium, § imperator; same title, 1. Gracchus; De reg. iuris, rule quod calore.

154. Aristotle, Rhetoric, ii.

155. xxiii, q. iv, displicet; John, chr. viii, Matthew, ch. x, quoted vii, q. i, § *hoc observandum*.

156. book xii, De re milit; Ad leg. Aquil., 1. *qua action*, § *in colluctatione*; De pub. iudic, throughout.

157. De pœnit., dist. ii, § *sicut secta*.

158. De leg. iii, 1. *servis*, § *ornatricibus*; Sext, De elect., ch. *quam sit*.

159. De adultery., 1. *si adulterium*, § *imperatores*; same title, 1. Gracchus; De reg. iuris, 1. *quod calore*.

160. De constit., nam concuiscentiam; dist. vi, sed pensandum.

161. De fals. mone., 1. i; Ad leg. Corn. de sica., 1. *si infans*.

162. Aristotle, Rhetoric, i.

163. dist. xiii, *nervi*.

164. Authentics, De nupt., § *deinceps*; Physics, book ii.

165. dist. iv, *factce sunt*.

166. Authentics, De nupt., § *deinceps*.

167. De servit. et aqua, 1. *prœses*.

168. De re military., 1. *desertorem*, § *in bello*.

169. Mandati., 1. *si remunerandi*, § *si[pignus]passus*, and 1. *sed Proculus*; Ad Macedon., 1. *sed etsi*, § ii; Ad leg. Aquil., 1. *si servus servum*, § *et si puerum*; De neg. gest, last law; and similar passages.

170. dist. lvi, *undecunque*; De Pœnit., dist. i, *non sufficit*.

171. xv, q. i, illa, and ch. non est; xxiii, q. v, *de occidendis*; De neg. gest.,

1. *sed an ultro*, § i; Mand. , 1. *qui mutuam*, § *sumptus*; De contraria tut. , 1. iii.

172. De Pœnis, 1. *ad bestias*; xxii, q. ii, ch. *queritur cur Patriarcha*.

173. ch. *queritur cur Patriarcha*.

174. De re military, 1. *desertorem*, § *in bello*.

175. xxiii, q. i, ch. *noli*.

176. ii, q. v, *quanto*.

177. De captivis, 1, hostes; De verb. significatione.

178. xxii, q. v, *de forma*.

179. De iureiur. , ch. *sicut*.

180. xxii, q. v, ch. *de forma*.

181. Qui cleri. vel voventes, veniens, and the following chapter; De consti, pecunia, 1. i.

182. De legat. praestan. , 1. i, § *generaliter*.

183. xv, q. vi, chs. ii and iii.

184. Ad leg. iul. maiest. , 1. i, and 1. ii; vi, q. i, § *verum*, the word *quisquis cum militibus*; dist. lxxix, ch. ii.

185. xiv, q. vi, *si res*.

186. De oblig. et act. , 1. *servus*; xi, q. iii, *non semper*, and ch. *qui resistit*, ch. *si dominus*.

187. xxii, q. iv, inter cetera; Sext, De iureiur, ch. i; and the notes to De iu-reiurando, ch. petitio.

188. Authentics, coll. vi, De quaestore, § *si vero*.

189. Authentics, De consang. et uter. frat. , § i; Sext, De re iudic. , *cum ceterni*; dist, xiii, can. i.

190. De re iudic. , 1. *contra pupillum*, last chapter; dist xviii, *si Episcopus*.

191. De iustitia et iure, 1. veluti; dist. i, ius gentium; xxiii, q. iii, *fortitudo*, and q. viii, ch. *omni*, ch. *si nulla*.

192. De relig. et sumpt. fun. , 1. *minime*.

193. Sext, De supl. negl. praelat. , *grandi*.

194. De usufr. , 1. *quotiens*; De pœnit. , dist. i, § *hoc idem*, words *Christus*

ait; xxi, q. i, ch. i.

195. De verb. obl. , 1. *continuus*, § *illud*.

196. De operis libert. , 1. *duorum*.

197. Ad Silianum, 1. *si quis in gravi*, § *si cum omnes*.

198. Vsus Feudorum, De prohib. feud. alien. , 1. *imperialem*, § *illud*; Locati, 1. *in operis*; Qui Potiores in pign. hab. , 1. ii.

199. dist. 1, *quia sanctitas tua*; Qui cleri. vel vov. , *veniens*.

200. De caduc. toll. , § *sin autem*.

201. xxii, q. v, ch. *de forma*.

202. Vsus Feud. , ch. *quemadmodum feud. amit.*

203. xi, q. iii, ch. *quoniam milites.*

204. De operis lib. , 1. *opere* and the last law but one; De pign. act, 1. [*qui*] *vel universorum*.

205. De operis lib. , 1. *quod nisi*, last section; De arbi. , 1. *si cum dies*, § *si arbiter*. Specuum in Speculo, tit. De feudis, § *ipsum*.

206. De his qui sunt sui vel alien. iuris, 1. i, and . ii.

207. De operis lib. , 1. *quod nisi*, § *si vag*; De procur. , 1. *sed haec*, § ii.

208. C. De argic. et censitis, 1. *cum scimus.*

209. same title 1. *ne diu.*

210. 1. *ne diu*.

211. same title 1. ii.

212. Authentics, De sanct. episc. , § *ascripticios*.

213. De agricol. et censitis, last law.

214. Authentics, De nupt. , § *si vero*.

215. Quib. caus. coloni, 1. ii.

216. De captivis, 1. *non dubito*.

217. De positi, 1. i, § *si convenitur*; De pactis, 1. i.

218. C. Qui aetate, in red and black.

219. C. Qui morbo, throughout.

220. C. Qui numero liber, throughout.

221. C. De profess. et medic.

222. xxiii, q. iii, *non in inferenda*; xi, q. iii, *si dominus*, and ch. *Iulianus*.

223. De homici. , *Iohannes*; De pign. act. , 1. *quœ fortuitis*.

224. De iureiurando, ch. *sicut*.

225. Commod. , 1. *si ut certo*, § *sed interdum*.

226. Locat. et conduct. , 1. *si quis domum*.

227. Vi bon. rapt. , 1. ii, § *hac actione*.

228. De praescript. verb. , 1. *si gratuitam*, § *si quis*; De furt. , 1. *si is ui rem*, and 1. *is cui*.

229. C. Mand, the last law but one, and the last law.

230. De iureiurando, *sicut*.

231. xxiii, q. iii, *non in inferenda*; xi, q. iii, *si dominus*, and ch. *Iulianus*.

232. De neg. gest. , 1. *sed an ultro*.

233. xxiii, q. iv, *ipsa pietas*.

234. dist. xlv, *et qui emendat*.

235. De condi. instit. , 1. *quidam*; De Pœnitentia, dist. iii, *adhuc instant*.

236. dist. lxxxiii, in the summary.

237. De petit. haered. 1. *sed si lege*, § *consuluit*; De testamentis, *cum in officiis*.

238. De verbor. obligat. 1. *si quis*; De condict. indebiti, 1. *cum pars*, § *cum heres*.

239. De iniusto, rupto, irrito facto testam. , 1. *nam*, and De dispensation impuberum, ch. *ad dissolvendum*.

240. De oblig. et act. ; 1. *obligationum*; same title, 1. *non figura*.

241. Mandati, 1. i.

242. De rerum permutatione, 1. *ex placito*.

243. Locati et conducti, 1. *si quis domum*.

244. De verbor. obligation. , 1. *veluti*, and 1. generaliter, 1. * si ex plagis. * Supply *Ad legem Aquiliam*.

245. Gratian, xxiii, q. viii, *convenior*; as the gloss there recites in the summary.

246. De homicidio, ch. ii, and xxiii, q. iii, *convenior*. and the same cause, q. i, at the beginning.

247. De homicidio, ch. *suscepimus*.

248. C. xxiii, q. i, § in registro.

249. C. xxiii, q. i, *quid culpatur*; same cause, q. ii, ch. i, and q. iii, ch. *maximianus*.

250. Innocent, De restit. spol., *olim*; Ne cler. vel monahchi, ch. *sententiam*.

251. Clem., De homicidio, *si furiosus*.

252. De sent. excom., ch. *si vero*, i.

253. dist. 1i, ch. i, and note on De sponsalibus, ch. *inter opera*.

254. xviii, q. iv, *si quis suadente*; so Clement notes in the chapter quoted, *si furiosus*.

255. Ad leg. Aquil., 1. sientiam, § *qui cum aliter*.

256. xiii, q. iii, § i.

257. De homicidio, ch. *suscepimus*.

258. Ex quibus causis maiores, 1. *in eadem*.

259. Vt lite non contestata, *accedens*, ii.

260. C. De annonis, 1. i; C. De agent. in rebus, 1, *matriculam*; C. De prox. sacr. scrinior., 1. *si quis in sacris*; C. De primipilo, 1. i; ff. De legat., 1. *legatum*; ff. De var. et extra. cognitionibus, 1. i, § *divus*.

261. C. De. erog. milit. annon., 1. his scholaribus, and the last law but one, at the end; De advoc. Divers. iudiciorum, 1. *post duos*.

262. C. De erog. milit. annonae, the last law but one.

263. C. De advoc. divers. iudiciorum, 1. *post duos*.

264. C. De proxi. sacr. scri., 1. *si quis in sacris*; C. De agent. in rebus, 1. *matriculam*; De principibus, 1. i.

265. C. book xii, De domesti. et protect., last law.

266. C. De advoc. divers. iudicio., 1. *advocti*. 支持这种意见的文献还有 De extraordin. cognitionibus, 1. i, § *divu*; De iudiciis, 1. properandum, § *in honorariis*; Locat. et conducti, 1. *qui operas*, § i, 而反对意见参见 C. book xii, De

principibus, 1. i.

267. De legationibus, 1. legatum; Mand. , 1. *si vero non remunerandi*, § *si mandavero*; book x. De legationibus, 1. ii.

268. De regul. iur. , 1. *semper in stipulationibus*.

269. C. Locat. et conduct. , 1. *eadem*; De stip. servorum, 1. *si serbus communis mcevii*; last section.

270. De var. et extraor. cognitionibus, 1. i, § *divus*.

271. C. De advoc. diver. iudic. , 1. *post duos*; C. book xii, De principibus, 1. i.

272. De extraor. cognitionibus, 1. i, § *divus*.

273. De rebus creditis, 1. *lecta*.

274. C. De legationibus, 1. ii.

275. Locat. et conduct. , 1. *si fundus*, § *verisimilis*, and notes on De annu. legatis, 1. *Mœvia*.

276. De solute. , 1. *inter artifices*; De caudc. tollend; Sext, De office. delegat, the last chapter, and ch. *is cui*.

277. rule *potest quis*, and similar passages.

278. De re iudicata, ch. *cum Bertholdus*.

279. De statuliberis, 1. *si heres*, § Stichus.

280. De captivis, 1. *hostes*; and De verb. Significatione, 1. *hostes*.

281. De iureiurando, ch. *sicut*;有关这一主题的评注他还指明应参照 De sent. excommunicationis, ch. *a nobis*.

282. Authentics, *qua in provincia*; C. Vbi de crim. agi oporteat.

283. Vnde vi, 1, i; De restit. spoliat. , *olim*.

284. De restit. spoliatorum, ch. *in literis*; ch. *item cum quis*.

285. De restit. spoliatorum, ch. *in literis*; ch. *item cum quis*.

286. De ordine cognitionum, ch. *super spolistione.*

287. De captivis, 1. *si quis ingenuam.*

288. De captivis, 1. *si quis ingenuam.*

289. De captivis, 1. *si quid in bello.*

290. De captivis, 1. *si captivus*.

291. De captivis, 1. *si quid in bello*.

292. xxiii, q. v, ch. *dicat*.

293. De captivis, 1. ii.

294. De dolo; C. the same title, throughout.

295. Augustine to Boniface, xxiii, q. i, ch. *noli*; xxxiii, q. v, *quod Deo pari consensu*.

296. q. i, ch. *noli*; and the gloss on xxiii, q. ii, ch. *dominus*; q. ii, ch. *noli*; q. ii, ch. *utilem*;另参见 dist. xliii, can. *in mandatis*; De capt, 1. *nihil interest*; C. De commerc., 1. ii; xiv, q. v, *dixt*; De consecra., dist. ii, *dixit dominus*.

297. De consecra., dist. ii, § *pronuntiandum*; De feriis, last chapter; C. feriis, 1. *dies, and the last law*;也支持这一观点的,参见 Exodus, ch. xx.

298. 似乎也支持这种主张的,参见 De treug. et. pace, ch. i.

299. De treug. et pace; De consecra, dist. i, *porro*; De consecra,. dist. ii, *literis*.

300. De consecra, dist. iii, *sabbato*.

301. De consecra, dist. lxxv, *quod die*.

302. De consecra, dist. xxiii, q. vii, ch. *si nulla*.

303. De tab. exhib., 1. *locum*, the penultimate section.

304. De tab. xxiii, q. v, *dicat*; *q. vii, si de rebus*; ff. De acquir. rer. dom., 1. *naturaliter*.

305. De rei vind., 1. qui *restituere*.

306. xiii, q. ii, ch. dominus, ff. De reg. iuris, rule *bona fides*.

307. C. De evict. 1. *emptori*.

308. C. De usur., rei iudic., 1. 11, ii, the last section.

309. De tab. exhib., 1. iii, § *condemnatio*; and Instit., De legat., § *si res*.

310. De reg. iur., rule *bona fides*.

311. xxiii, q. vlll, ch. *Omni*.

312. De pœn,. dist. v, *fratres*.

313. xxiii, q. iii, ch. *Maximianus*; xv, q. Vl, *auctoritatem*; ciist.. lXLii,

Adrianus; xxiii, q. viii, ch. *igitur*, and ch. *Hortatu*; XV, q. vi, ch. *autctoritatem*; De sent. Excom., ch. *Dilecto*.

314. xxiii, q. viii, *quo ausu*, and ch. *Si vobis*, and ch. *si quis episcopus*.

315. xxiii, q. viii, § *ecce*, with the two following sections, down to § *quamvis*.

316. xxiii, q. i, ch. *noli*. at the end.

317. xxiii, q. viii, *dispar*.

318. De voto, ch. *ex multa*.

319. De pœnis, ch. *quod in dubiis*.

320. De appellat, ch. *dilectis*; De iureiurando, ch. *sicut*.

321. De offic. deleg., ch. *significasti*.

322. xxiii, q. v, *ad omnium*, and the following chapter, and *q. viii*, *ch. igitur*, down to § *ecce*; q. iv, ch. *sicut excellentium*.

323. De haereticis, *excellentium*, *ii*.

324. xxiv, q. i, *haec est fides*; ch. *quoniam*; De summa Trin., the penultimate chapter. 也做如此理解的，参见 De captivis, 1. *hostes*.

325. Quod met. causa, 1. *continet*; De iurisd. omn. iudic., 1. iii, and 1. iv; C. Ne quis in sua causa.

326. De captivis, 1. v, § *in pace*.

327. De pœn,. dist. iii, § *i*, at the end; De maiorit. et obed., ch. *si quis venerit*; De rei vind,. 1. *qui restituere*; Ne vis fiat ei qui in pos. missus, 1. iii; C. De seditiosis, 1. i, at the end.

328. xxiii, q. ii, ch. si dominus; De sent. excom., si vero, i, § *nec ille*; C. Quando lic. unicuique sine iudi. se vindicare, l. i, and l. i.

329. Sext, De sent. excom., *dilecto*.

330. De sent. excom., *perpendimus*, ch. *contingit*, and ch. *in audientia*.

331. C. book xi, Vt armor. Usus, in red and black; Authentics., coll. iii, De man. prin.; Authentics., coll. vi, De armis.

332. Ad leg. Iul. maiest., 1. iii.

333. De iustit. et iure, 1. Ut vim.

334. Sext, De homicidio, *pro humani*, and the Archdeacon, xxiii, q. ii, ch. *iustum*.

335. xxiii, q. i, *quid culpatur*, and ch. *noli*; xxiii, q. viii, *si nulla*; De usuf,. 1. *si ussusfructus*.

336. De resti. spol, . *cum olim*, i.

337. Summa, De treu. et pace, § *quid si iustum*.

338. Second book of the Second part, question xl, the first, second, and third articles.

339. De regimine principum, at the end.

340. De iustit. et iure, 1. *ut vim*; Ad leg. Aquil., 1. scientiam, § *qui cum aliter*; C. vnde vi, l. i; De vi, l. ii, § *si quis*; De resti. spol., ch. *olim*.

341. Quod cuiuscunque univer., l. i; Ad municip., 1. *quod maior*; De in ius vocand., 1. *sed si hac*, § *qui manumittitur*; De excess. praelat., 1. *cum dilecta*, and the note on that passage.

342. Authentics, Vt non fiant pignor., throughout, Sext, De iniur., the single chapter, throughout.

343. C. Vnde vi, l. i.

344. De iustit. et iure, 1. ut vim.

345. Physic, book iii; and De generatione, ii.

346. De usuris, l. *in pecudum*.

347. Clement., De sententia et re iudicata, *pastoralis*, § *ceterum*;《阿奎利亚法》的评注也是持这一见解(Ad leg. Aquiliam, 1. Scientiam, § qui cum aliter).

348. Ad leg. Aquiliam, 1. *itaque*.

349. the gloss on 1. scientiam, § *qui cum aliter*.

350. C. Vnde vi, l. i.

351. the gloss on 1. *ut vim*.

352. Luke, xxiii, q. i, at the beginning.

353. dist. ii, [*si*] *radicata*, and ch. *caritas est*, *ut mihi videtur*.

354. dist. ii, ch. q*uia radix*.

355. in the next canons and De Pœnit., dist. ii, ch. *caritas est*, § *proinde*.

356. xxiii, q. iv, *ipsa pietas*, and ch. *displicet*.

357. Sext, De reg. iuris.

358. Ethics ii, iii, and iv.

359. De restit. Spol., ch. *olim*; Clem., De re iudic., *pastoralis* § *ceterum*; 更详细的论述参见 Clement De homicidio, *si furiosus*.

360. See xxiii, q. i, ch. *paratus*.

361. De Cœlo et Mundo, ii.

362. see the gloss on dist. i, can. i*us naturale*;通常的注解,见 De iustit. et iure,. l. i, § *ius naturale*.

363. De homicidio, ch. *suscepimus*; dist. xlvi, can. *Seditionarios*; xxiii, q. Viii, ch. i, and ch. *cum a Iudœis*, with the chapters following, down to ch.*his*.

364. De restitution. Spol., ch. olim; De sent. Excom., ch. si vero; ch. ex tenore; dist. i, ius naturale; De iustit. et iure, l. ut vim; 更清晰的论述,参见 Clem., De vi, l. iii, § si quis. De homicidio, si furiosus.

365. Clem., De homicidio, si furiosus.

366. De pœnis, l. *sanctio legum*; De alim. Leg., l. a*limenta*, § *basilicœ*; De legat. iii, l. *uxorem*, § *felicissimo*; De rescriptis, ch. *pastoralis*. Sext, rule *generi*.

367. Sext, De immun. *eccles*., ch. *decet*; i, q. iii, ch. *vendentes*.

368. De consecr. eccles. vel altaris, ch. *proposuisti*; Sext, same title, the single chapter.

369. De consecr. eccles. vel altaris, ch. decet.

370. De lega. Praesandis, l. i, § *generaliter*.

371. C. De act. et obligationibus, l. *sicut*.

372. See the note on Sext, De consecra. eccle. vel alteris, the single chapter.

373. vii, q. i, *illud*, and ch. *nihil*.

374. xii, q. i, *prœcipimus*; De pœnit. et rem., cum *infirmitas*; C. De episcop. et cler., l. *sancimus*.

375. vii, q. i, *illud*, and ch. *nihil*.

376. De consecratione, dist. Ii, the last chapter.

377. dist. xxiii, *quorundam*, and ch. *nihil* 以及注释法学派在此两处的

注释。

378. xxiii, q. iv, ch. *qui peccat*.

379. De consecrat., dist. iv, *firmissime*, and ch. *regenerante*, ch. *nulla*, in the same "distinctio".

380. xxiii, q. iv, *displicet*, and ch. *ipsa pietas*.

381. dist. xiii, *nervi testiculorum*.

382. xxiii, q. iv, ch. *ipsa pietas*, *and displicet*.

383. De consecr., dist. iv, ch. *firmissime*, and ch. *nulla*, and *regenerante*.

384. De Pœnit., dist. ii, *proximos*, and § *proinde* and ch. *caritas est*, *ut mihi videtur*.

385. dist. xiii, can. *nervi*.

386. De aeta. et qualitate, can. *cum sit ars*.

387. C. De servit. et aqua, l. *præses*; and De *iureiurando*, ch. *petito*.

388. vii, q. I, § *hoc etiam*, the words *cum vero specialiter*.

389. De verbor. *obligationibus*, 1. *continuas*, § *illud*.

390. De pœnis et remiss., ch. *quod in te*.

391. De transaction,. Ch. *veniens*, the first gloss, and the latter is true, as is noted on De sacrament. non iterand, in the rubric.

392. De pœn. et remissionibus., ch. *omnis*.

393. De pœnit., dist. i, in the sumary, and in § *his ita*.

394. xii, q. i, *nolo*, and ch. *non dicatis*; Sext, De electione, *quorundam*, and ch. *si religiosus*; and Clem., De procuratoribus, *relgiosus*.

395. xvi, q. 1, *Monachi*, and ch. *placuit*.

396. xii, q. i, ch. *non dicatis*.

397. De negot. Saecularibus, § *sed quœritur circa hoc*, in the summary.

398. dist. Viii, *quo iure*.

399. C. De rei vind., 1. *servum*; De iudic., l. *vix certis*; De acquir. aereditate, 1. *si quis mihi bora*, § *iussum*.

400. De his qui sunt sui vel ali. Iuns, l. i.

401. Ad legem Aquiliam, l. iv.

402. De acquir. possessione, l. *iuste*.

403. De iniur., l. *iniuriarum* § i; De rei vindic., 1. *qui restituere*.

404. De iurisd. omn. iudlic., 1.*et quia*; and Ne prailati vices suas, ch. i.

405. C. De sent., l. prolatam; and De probationibus, ch. *quoniam contra*.

406. xxxi, q. i, *hac*, *ratione*.

407. xxxv, q. iii, *quaedam*.

408. xxxiii, q. iii, *si quod verius*.

409. dist. iii, *omnis autem lex*.

410. De iustit. et iure, 1. *ut vim*; ff. De rei vindic, l. *qui restituere*; and De iniuriis, l. *iniuriarum*, § i.; xi, q. iii, ch. q*ui resistit*.

411. C. De iure fisci, l. *prohibitum*, and C. De metatis, l. *devotum*.

412. De rei vindic., l. *qui restituere*; and De iniuriis, l. *iniuriarum*, § i.

413. De captivis, l. *in bello*, § *facti*.

414. C. Quor. App. non recipiuntur, l. *ante sententiœ tempus*.

415. De iniuriis, l. *iniuriarum*.

416. De iudic., l. *pars literarum*; and Quod met. causa, l. iii.

417. De captivis, l. in bello, § *facti*.; De captivis, l. *in bello*, § *facti*.

418. C. De pat. potest., throughout.

419. C. De impub. et aliis substit; Instit., De inutil. Stip., § *ei qui*; C. De agric. et censi., l. *cum scimus*; Authentics, De iureiurando a moriente praestando, § i.

420. Instit., De iure nat. gent. et civili, § *naturalia*; dist. v, ius *naturale*.

421. xii, q. i, *nolo*, andch. *non dicatis*; De statu monach., *cum ad monasterium*.

422. De aedilit. edict., l. *si tamen*, § *ei quod*; De legi., l. *de quibus*, at the end; De appellationibus, *ad audientiam*, and ch. *ut nostrum*, and ch. *dilecti*.

423. xvi, q. 1, *monachi*, and ch. *placuit*, and Authentics., C. De sacr. sanct. ecclesiis, *ingressi*.

424. De appell., *cum speciali*, and ch. *de priore*.

425. De accusat., ch. *exparte*, and same title, ch. *cum olim*.

426. De his qui sunt sui vel alieni iuris, l. i.

427. De S. C. Silaniano, 1. *si quis in gravi*.

428. De nat. ex lib., the single chapter; De restit. spol., ch. *conquærente*; ff. Si servit. vind., 1, *altius*; ff. De condic. indebit., 1. *frater a fratre*; dist. xxxi, *una tantum*; dist. xxv, the last canon; xvi, q. i, *Silvester*; ff. De fideiuss., 1. *tutor*; ff. De admin. tut., 1. *quotiens*.

429. De his qui sunt sui vel alieni iuris, 1. i.

430. De iustit. et iure, 1. *ut vim*; De vi et vi armata, l. i, § *vim vi*; and Ad leg. Aquil., 1. iv; and the same title, 1. *scientiam*, § *qui cum aliter;* Clemen., De homicidio, i.

431. Quod met. causa, 1. isti quidem.

432. De verb. Sig., l. liberorum, at the end.

433. C. De impub. et aliis substit, the last law; Authentics, De iureiur. a moriente praestito, at the beginning; Instit., De intuil. stipt, § *ei quem*.

434. De iniuriis, 1. item apud, § si sponsum.

435. De adulteriis, l. Marito, and l. Capite quinto; C., the same title, 1. Gracchus.

436. xvii, q. iv, si quis suadente.

437. De sent. excommunicationis, ch. *si vero*, § *nec ille*.

438. De iustit, et iure, 1. *ut vim*; Quod met. Causa, l. isti quidem; and Mandati, 1. *cum servus*.

439. De iniuris, 1. *lex Cornelia*, at the beginning.

440. C. Vndc vi, l. i; and De vi et vi armata. l. iii, § *eum igitur*.

441. De servis exportandis, 1. *cum servus*.

442. De appell, . 1. a*ddictos*; De appell., 1. *non tantum*.

443. De liberali causa, l. iii.

444. *addictos*, *non tantum*, and De liberali causa, l. iii.

445. De vi et vi armata., l. iii, § *eum igitur*.

446. De iniuriis, 1. *item apud*, § *si quis virgines*.

447. Vnde vi, l. i.

448. De negot. gestis.

449. C. De sacrosanctis ecclesiis, l. sancimus. 为支持自己的观点,他还引用了 De adulterio, l. *Gracchus*.

450. Ad leg. Aqulliam, l. *liber homo*.

451. De vi et vi armata, l. *cum fundum*.

452. De instit. , et iure, l. *ut vim*,该处记载"保护一个人自己的身体"。

453. De servis exportandis, l. *si servus*.

454. Clement. De homicidio, *si furiosus*.

455. Quod met. causa, l *isti quidem*; and De S.C. Silaniano, l. i § *si vir*.

456. dist. li, *qui in aliquo*.

457. xviii, q. iv, ch. *si quis suadente*.

458. De iustit. et iure, l. *ut vim*; De iudic. , l. *in privatis*; and De iniuriis, l. *lex Cornelia*, at the beginning.

459. De injuriis, l. *item apud Labeonem*, § *si quis virgines*.

460. De vi et vi arm. , l. *cum fundum*.

461. De appell. , l. *non tantum*; De liberali causa, l. iii. , and De appellationibus, l. *addictos*.

462. De vi et vi armata. l. iii, § *eum igitur*.

463. C. De sacrosanct. ecclesiis, l. sancimus.

464. 支持这一点的文本,参见 Sext, De sent. excom. , ch. *dilecto*. xxiii, q. iii, *non inferenda*, and ch. *fortitudo*; De sent. excom. , *quantœ*; C. De commerc. et mercatoribus, l. ii.

465. De agnoscendis liberis, l. *necare*.

466. De servis exportandis, l. *servus*; dist, lxxxiii, *error*, and can. consentire, and can. *quid enim*.

467. Quod met. causa, l. *metum*, § *sed licet*.

468. De S. C. Silaniano, l. i, § *hoc autem*; and C. the same title, the last law.

469. Ad municipalem, l. and De legibus, l. *ius singulare*.

470. De reg. iuris. rule *culpa*.

471. De oper. Lib. l. *habet*; De verbor. significatione, l. *Nepos Proculo*.

472. Usus Feudorum, Quae fuit prima causa beneficii amittendi, ch. *prima autem causa*, § *item qui dominum* and the following section.

473. De S. C. Silaniano, 1. i, §, *hoc autem*, and C. the same title, the last law.

474. See De re milit,. 1. *omne delictum*; and the same title, 1. iii, the last section.

475. The gloss on xxii, q. v, *de forma*.

476. Vsus Feudorum, Quae fuit prima causa beneficii amittendi, the single chapter.

477. xxii, q. v, ch. *de forma*.

478. Authent. , De consanguin. et uterin. Fratribus, at the beginning.

479. Qui. potior. in pign. habeantur, l, potior, and l. *qui balneum*.

480. See l. *qui balneum*. and l. *potior*; De iureiurando, ch. *petitio*.

481. C. De servitutibus, l. *præses*.

482. C. De impub. et aliis substitutionibus, the last law, with others to the same effect.

483. De excess, praelat. , ch. *gravem*.

484. De translatione, ch. ii.

485. The gloss on xxx. q. iii, ch. *pittacium*.

486. 同样支持这一观点的，参见 The gloss on dist. xxx, can. i. ; dist. lxxx-vi, non satis; xlii, can. Quiescamus.

487. C. Vnde vi, l. i.

488. l. iii, § *si quis autem*, the words *eum igitur*.

489. De vi et vi armata, and De restit. Spoliatorum, ch. *olim*.

490. The gloss on C. Vnde vi, l. i.

491. De offic. eius cui mand. est iurisd. , l. i, § *huius rei*; De regularibus, ch. *cum virum*; and dist. xxxii, can. *hospitiolum*.

492. De vi et vi arm. , l. i, § *qui vi a me*; and the same title, 1, *cum fundum*; and Quod met. causa, l. *si cum exceptione*, § *Pedius*.

493. De vi et vi armata, iii, § *eum igitur*.

494. Vti possid. 1. ii; De acquir. Poss., the last law; Si servit. Vind., 1. *loci corpus*, § *competit*.

495. De acquir. poss., 1. *cum quis*.

496. Quod cum eo, 1. *si servus*.

497. Vti poss., l. i, § *interdictum*, in the middle of the big gloss on the passage, "nec tarnen volo".

498. De acquir. possessione, 1. *clam possidere*, § *qui ad nundinas*.

499. see the said l. i and De vi et de vi arm., 1. i, § *vim vi*.

500. De vi et vi armata, 1. iii., § *si quis autem*, the words *eum igitur*.

501. C. Vnde vi, 1. i.

502. C. Vnde vi, 1. *si quis in tantam*;.

503. De vi et vi arm, 1. iii § eum igitur.

504. C. De acquir. poss., 1. *vitia*.

505. De precario, 1. *cum precarium*.

506. Vti poss, l. i, § *interclictum*.

507. C. Vnde vi, l. i.

508. De acquir. poss, 1. *clam*, § *qui acl nundinas*.

509. Ex quibus ca. in poss. eatur, 1. *Fulctnius*, § *quid si adversus*.

510. Clem., De homicidio, *si furiosus*.

511. C. Vnde vi, 1. i; and De vi et vi arm., 1. i, § *vim vi*; and Ad legem Aquiliam, 1. *scientiam*, § *qui cum aliter*.

512. Clemen., De homicidio, *si furiosus*.

513. dist. Li, *qui in aliquo*.

514. dist. 1, *de his*; and De homicid., ch. *sicut dignurn*; and Ne cler. vel monach., ch. *sententiam*; and De raptoribus. ch. in *archiepiscopatu*.

515. Sext, De reg. iur., rule *quæ a iure*.

516. xvii, q. iv, ch. *si quis suadente*; and De sent, excommunicationis, ch. *Nuper*, with the notes to that passage.

517. De restit. spoliat orum, ch. *olim*.

518. xvii, q. iv, ch. *si quis suaclente diabolo*.

519. xvii, q. iv, ch. *si quis suadente*, and De sent. excom. , throughout.

520. De sent. excommunicationis, ch. *contingit*.

521. the same title, ch. *nuper*.

522. ch. universitatis; and Sext, the same title, ch. *cum quis*.

523. the same title, ch. *cum quis*.

524. the same title, ch. *quantœ*.

525. De vi et de vi armata, l. iii, § *eum igitur*.

526. dist. lxxxiii, *error*, and ch. *qui consentit*, with the following chapter.

527. De Pœnit. , dist. ii, ch. *proximos*.

528. De iure deliber. , l. i, at the end; and De offic. iud delegati, ch. *de causis*.

529. 论及物的占有以及合法占有,参见 C. Vnde vi, l. i.

530. Vi bonorum raptorum, l. *prœtor ait quœ est lex*, § *in hac actione*.

531. De reg. iuris, rule *invitus*, § *cui damus*; and De fonte, the single law; Sext, De reg. iur. , rule *qui ad agendum*.

532. De rei vindic. , l. *officium*; and the note on De causa possessionis et proprietatis, ch. *pastoralis*.

533. C. De fruc. et lit. expen. , the last law; De arbitr. , l. *si cum dies*; Sext, De reg. iuris, rule *in iudiciis*.

534. C. De sacrosanct. ecclesiis, the last law.

535. C. De appell. , l. *si quis*.

536. Ad legem Corneliam de sica. , l. *furem*.

537. Ad legem Corneliam de sica. , l. *furem*.

538. Vnde vi, l. i; and De vi et vi arm. , l. iii. § *eum igitur*.

539. Ad leg. iul. De adulteriis, l. *quod ait*, at the end.

540. Ad legem Aquiliam, l. *Scientiam*, § *qui cum aliter*; De iustit. et iure, l. *ut vim*.

541. De vi et de vi armata, l. *qui possessionem*; and the same title, l. iii, § *eum igitur*.

542. De vi et de vi armata, l. iii, § *eum igitur*.

543. C. Vnde vi, l. i.

544. Ad Treb., l. *quia poterat*, and l. *nam quod*, and similar passages.

545. C. Si quis Imperatori maledixerit, l. i.

546. Ad legem Aquiliam, 1. *scientiam*, § *qui cum aliter*.

547. Ex quibus caus. maiores, l. *in eadem*.

548. Si quis omissa causa testamenti, l. *Iulianus*.

549. the gloss on § *eum igitur*.

550. The gloss on Vnde vi, l. i.

551. De vi et de vi arrnata, l. *cum fundum*.

552. De iniruiis, l. *item apud Labeonem*, § *si quis virgines*.

553. De neg. Gest., l. i.

554. C. De sacrosanct. ecclesiis, l. *Sancimus.* 似乎支持这一点的，参见 Ad legem Iuliam de adulteriis, l. *Gracchus*.

555. Clemen. De homicidio, *si furiosus*.

556. Quod met. Causa, l. *isti quidem*, at the end.

557. Ad leg. Aquiliam, l. *scientiam*, § *qui cum aliter*.

558. De iustit. et iure, l. ut vim.

559. Ad leg. Aquiliam, l. *si quis fumo*; and Quod vi aut clam, l. *Si alius*, § *est et alia*.

560. l. ut vim.

561. C. De servitut. et aqua, l. *præses*.

562. C. De transactionibus, l. *transigere*.

第二章 论 报 复

（第三主要部分的第五篇论文）

第 122 节　保护神秘身体的特殊战争，即所谓的报复

第 123 节　报复的起源是什么，以及为什么会发生报复？

我将详细谈论报复问题以及报复的本质，我将首先介绍报复赖以产生的基础。为此，我将需要审视需要审视的原因。

起初，至高的造物主创造了天空和大地，天地之间的万物，天使和人类，精神的东西和世俗的东西，并亲自统治他们；对他所创造的人类，他给了戒律，处罚违反者[1]。他如何统治他们是显然的，因为他亲自处罚他们的罪行，而不是通过牧领。我们在《创世记》第 4 章和第 5 章读到，他惩罚该隐、拉麦以及其他一些君侯。这个世间的治理来到了诺亚时代。但从挪亚时代，他开始用牧领统治世界，挪亚是第一个，所以挪亚是人民的统治者这一点是很清楚的。因为耶和华委给他方舟的治理和统领职责[2]。而教会的标志是方舟。我们读《创世纪》第四章知道，耶和华如何委以挪亚和他的儿子治理之责；虽然挪亚并不是一个僧侣，但我们读到的在法律被给予人们之前，他行使的就是祭司的职分[3]。但在诸家祖、国王、法官的成功治理和牧领下，他们曾在一段时间成为犹太人的统治者。这种治理持续到了基督时代，谁是我们的自然神和国王，我们读到《诗篇》记载"上帝啊，把你的判断赐予给国

王吧!"但基督自己把两盏灯放在世界上,最明亮的一盏放在白天,这是至高无上的罗马教皇,较暗淡的一盏是罗马人的皇帝,他委以他们以世界管辖和治理之责,一个负责精神事务,另一个负责世俗事务。

早先,上帝亲自治理世界,无需报复,因为审判由上帝实施。在诺亚和他的继任者治理犹太民族的时代,没有必要报复,因为正义由牧领实施,臣民服从他们民族中公认的卓越者。在至高无上的罗马教皇和罗马帝王时代初期,所有的人臣服于法律和事实,没有必要进行报复,因为君侯遵守法律正当的命令,实施正义的补偿。但当帝国开始逐渐走向衰落,不少人事实上目无君上,忽视正义,所以当常规的救济手段失效时,就有了提供补充救济手段的必要了。但只要这些人仍存在,补充的救济手段就绝不可能付诸实施[4]。然而这种超常规的补救手段起源于万民法。它是合法战争的一种形式。人们有权武装起来保卫自己的人身安全[5]。而且,不仅可以保卫属于个体的私人的身体,而且要护卫神秘身体。一个社团就是一个身体,其组成部分是社团的诸多成员[6];所以一个社团可以保卫他身体的组成部分。这在神法里也有其源头[7]。综上所述,我们可以推断出引入这一补救措施的原因。它的最终目标是,正义得到它应有的效果。其得以适用的情形是由于统治和治理的阶层忽视正义,而且事实上缺乏世所公认的卓越者,导致常规的救济手段失败,此时就需要引入超常规的救济手段。由此我们推断,即使在今天这种救济手段也很少实施。因为如果世俗法官失职,人们就不得不求助于教会的法官[8],虽然事实上,人们并没有很好地服从教会的法官。在这篇序言之后,我将会在下文详细讨论采取报复措施的原因。

第 124 节　报复的原因

发动报复的有效原因是什么? 形式上的原因是什么? 最终的原

因是什么？我们必须考察由这一主题引发的这些问题。

报复的有效的或触发性原因

第一个问题是，什么是报复的触发性原因？这与追问谁可以发起报复是一回事吗？在这里我们必须遵守上文所提到的，任何实定法，不管是教会法或市民法，都没有规定可以发起报复。上述两种法律都规定了获得正义的方式。侵夺他人拥有的财产是被禁止的。[9]而且，市民法和教会法中专门明确规定这一禁令。[10]但当实定法的救济手段失败时，有必要诉诸宣战这一手段，以免正义毁绝。但这种宣战只适用于没有君长的情形。[11]国有君长之时，应当依其权威施行法律的救济，这不得违背。因此，唯有一国在法律上和事实上都无君长之时，才能宣布报复。并且，针对其所宣战的国家也应当是无君长之国，或者即使有君长，但他们忽视正义，方可宣战。由此，有人推论，在一国事实上无最高统治者时，该国行政官不能宣布报复，除非他有特别的授权，但他必须求助于保有全部主权和统治权的共同体，之后他们才可以根据共同体的授权宣布报复。我认为这是不正确的，一个共同体已将全部权力转让给统治者，因而当我们说，统治者拥有普世的、无限的权力，这是指他可以做任何共同体能做的事情[12]；否则，如果转移的权力是有限的，他们就不能如此行事。他们还主张，伯爵、侯爵，或者皇帝的其它类似的大臣，没有皇帝的授权不得发动报复；关于这一规则上面已经论过。[13]如果我们论及普通法，这一点也能得到支持。如果我们论及有关地方性法律的规定，这些规定是允许发动报复的，因此我们必须说，这些人可以发动报复，因为地方性法规赋予了他们这个权利。正如我所说的，他们被授权根据紧急情势，正如市民法经常规定的那样，根据必要性，授予个人以自己的力量执行法律的权利。[14]综上所述，我们可以推断依据什么样的法律可以发动报复。"条件"是由法律的力量授予，所以这一特权来自于法律。[15]但如果我们参照普通法的规定,有人就认为,行动和职责都非有意的。原因在于,这种权力只能由万民法授予,而且根据该法律,万事皆应接受国王权力的指令。[16]所以,他们认为,根据神法和万民法,国王的统治在今天是需要的。我认为这是不正确的。我承认,除非恪守传统的形式,否则不会有权力。首先,我们应当求助于常规的救济手段,只有当常规救济受到失败时,才能求助于报复的手段;而且这一点应当得到被请求宣布报复的法官的确定;如果他们通知向其提出请求之人出庭的,应当允其辩护,(并)随后宣布允许或拒绝宣战请求。第四,诉讼或职务调查是必要的,判决的方式应当对应于诉请的模式。[17]这一点值得肯认。尽管这一权力源自于万民法,但它已经被市民法所确认;或涵于其中,尽管没有明示为文字。市民法暗示,或者说明确宣示,可对叛逆之人和不守律法之人动用军事手段。[18]因此,这就提供了一个补救的手段,即在允当的救济手段失败时,可以请求治安法官允许诉诸军事手段。

第 125 节 报复的具体原因

接下来考察具体原因。关于此,我们必须考虑到"事由谁决"、"事关乎谁"、"事针对谁"或哪个对象以及"事由何而起"等等问题。

"事由谁决"是什么?
"事由谁决"是有关被授予了宣战权的人或从属于他的人。

"事关乎谁"是什么?
"事关乎谁"是指与宣战权授予有关的事态。

"事针对谁"是什么?

"事针对谁"或哪个对象是指被允许针对其宣战的对象,例如,一个国家,或其他共同体。

"事由何而起"是什么?
"事由何而起"是指导致宣战权被授予的原因。

从头开始讨论,我提出的问题是,发动报复的权利是授予给谁?解答:基于以上已经讨论过的理由,是授予给公民的。公民是神秘身体——即国家——的一部分。[19]因此,国家被称为"civitas",是全体公民(cives)的结合[20]。而且,正如上面已经讨论的那样,任何人都被容许保卫自己的人身。[21]在这一点上,神秘身体和个体的身体别无二致。

报复的权利是否授予给居民?

第一个问题是,报复的权利是否应该授予给居民。一些权威对此进行了区分,指出如果国家的居民承担着国家的重担,那么报复的权利应该授予他们;如果他们没有承担,则不应该授予给他们。后一个陈述的理由在于,没有分担重任的人也不应分享权益。[22]《优士丁尼法典》也支持这一点。[23]另外,人们不能享受某个公职的特权,除非他事实上持有它;这一规则也支持上述观点[24]。我认为这一观点是绝对正确的,相反我认为必须作如下区分:一种情况是,一个居民由于拒不服从而没有承担重担,即是说,他已经被要求且有义务承担,却不愿意承担此重担。在承认对方国民有居留权的两国之间,源自一份对双方都有约束力的默示契约,居民必然会承受负担[25];国家也有义务保护他[26]。在本事例中,如果他拒绝履行契约,契约另一方——国家,就没有义务保护他,他也不能要求国家保护。[27]另一种情况是,居民没有承担责任是因为国家能够豁免他的负担,并且已经授予他这个特权。[28]所以,报复的权利应该授予给这类居民,因为,授予这种特权对他有利,(而)不会造成伤害。[29]在涉及到被授予特权之后的特权人士,你必须理解这一点。

第126节　是否能对一个不属于国家司法权管辖的市民发动报复,以及对于非其国民的人呢?

　　第二个问题是,是否能对一个不属于国家司法权管辖的市民发动报复,以及对非其国民能否发动? 一些权威进行了区分:如果他们依据特权而免受管辖,例如神职人员[30]或由于世俗的等级[31]。报复权应该授予给他们。如果他们因拒不服从而不受管辖,则不应授予。第一个陈述的理由在于,授予一种有利于接受者的特权不应该导致他们受伤,因为对于公民而言,在其出生时公民和国家之间就形成了一种义务,这是无法改变的。[32]否则,就只有居民,因为在其他情形,义务的形成只能源于义务主体的承认。[33]第二个陈述的理由在于他们自身的拒不服从。[34]

第127节　能否"根据协定"授予一个公民反对他的来源国的报复权?

　　第三个问题是,能否"根据协定"授予一个公民反对他的来源国的报复权。似乎是不行。我主张源自事实的权利,如果获得了这个权利,那么我就不受责任约束。[35]但如果这个公民受到伤害,他的来源国就获得宣布报复的权利;因此不能针对来源国发动报复。这种观点依据这一规则确认了来源国优先的原则。[36]同样,考虑到在某人根据协定成为另一国的国民之前,来源国可能已经有法律适用于自己的臣民,根据协定,另一国不能对此有所抱怨。这一点可以通过类比用益权人得以证实,用益权人可以对除所有权人以外的所有人发布"新工程告令"[37]。另外的类似情形就是提起了布布里其安之诉(即返还丢失物之诉)的人可以以之对抗除所有权人之外的所有人。[38]公民和国家之间的关系只能向国家的法官提起诉讼。这一点应当肯认。报复是一个超常规的救济手段,正如我前文指出的:超常规的救济手段不能给予儿子,让他来反对父亲。[39]但国家对公民享有的权力大于一个父亲对儿子享有的权力。[40]

相反的观点基于以下考量,即如果两个国家有同一个臣民,每个国家都可以保护他免受另一个国家造成的伤害。一个国家会惩罚一个侵犯自己儿子的父亲。[41]由此可以确定:如果两个人对同一财物都有权利且双方的权利在权利较强者侵犯的财物上发生竞合的话,即使一方的权利可能弱于另一方,但权利较弱的一方仍然可以对权利较强的一方提起诉讼。[42]因此,还可以确定的是:如果两人是同一个奴隶的所有人,其中一人对奴隶实施违法侵害,另一方可以阻止他。[43]故而,还可以为了排除侵害而召唤朋友前来帮助。[44]

解答:一些权威认为可以不受限制地宣布发动报复,他们的理由是,宣布报复的权力取代了有缺陷的司法权。如果一个国家伤害公民,公民向最高统治者提起申诉时。[45]当司法失败之时,报复将取而代之。[46]由此可以确定的是:当正确地行使,而不是用于强取豪夺的时候,任何权力都是合法的。[47]因此他们认为,可以传讯一方当事人,同时控制另一方当事人。我认为主张这种不受限制的复仇形式的观点是不正确的,我反而认为我们必须区分不同的情况:一种是,伤害是受害人的来源国在协定签署前的某种行为造成的,受害者依据该协定成为另一国的公民;另一种情况是伤害是发生在协定签署以及受害人已经成为另一国国民之后。在第一种情况下,报复权不能由协议的缔约国授予。当遭遇到不公正时,人们应当保卫身体的一部分。这一权利并没有转移给新的国家。[48]由此,我推断,在已经遭遇不公正之后才成为另一国的公民的情形,不应该授予他报复权。在第二种情况下,答案如前所述。

第128节   能否将报复权授予给被视为公民、但公民权受到限制的人?

第四个问题涉及能否将报复权授予给被视为公民、但公民权受到限制的人? 关于国家决定谁能成为其国民的权力,参见〈优士丁尼法典·论居住·国民〉一节的规定。甚至能从国家赚取报酬的雇佣军也包括在内。[49]而受到国家统治者保护的学生也同样如似[50]。对于报复权能否授予这样的人? 有人说,有限的报复权应该授予给他们的代表。也就是说涉及某些事项时,他们被视为国民。而这些事项主要涉及学生在学业方面受到的侵害,以及士兵在服役方面受到的侵害;但在其他事项上则不能,因为涉及其他事项时,他们不被视为身体的成员。

第129节   一国能否将报复权授予给他国国民,该人根据协定或法令被视为本国国民?

第五个问题是,如果根据协定或法令,一个国家的国民应该被视为另一国的国民,应该将该人视为本国国民的那个国家能否授予该人报复权? 答案是:以协定和法令的规定为断。这些规定指出他们被视为国民;但这些规定并没有使他们成为公民。[51]阿瑞拉的雅各布斯的评注也采用这一见解。这些表述的意思应当理解为,在若干属于普通法的事项上这些人被视为公民。[52]这确是一种解决方案。但我不认同此结论,甚至我认为可以为了他们而发动报复。我承认协定和法令上的那些表述不能使一个人成为公民,但却给予他一个公民有权享有的一切权利。这一点被以下记载所确证,这些记载不能背弃,也不能剥夺其应有之义。[53]因此,凡授予给公民的都应该授予;正如我之前所述,报复权被授予给公民。因此,也应该授予给他们。这与下列说法并不矛盾,即应授予给他根据普通法而属于他的所有权利;对于这一救济手段的授予,只要遵守正当程序,普通法并不予以禁止。

第 130 节 "有关何种事项"可以授予报复权?

"有关何种事项"可以授予报复权的问题仍有待商榷。显然,涉及财产权的事项可以授予此权。因为他们侵犯了动产和不动产财产权,而被侵犯的财产权是国家在其主权疆域范围内给予保障的权利。但由此可能会引发诸多问题。

人们不能对某些人的人身施以报复,能否对其财产实施报复?

第一个子问题是,人们不能对某些人的人身施以报复,那能否对其财产实施报复? 答案是:如果这些人是因为年龄或疯癫或类似原因而不能对其人身施以报复,则报复只能以没收其财产的方式进行。[54]但如若是因法律赋予某些人——如学生和使节——某些特权而导致无法针对其人身进行执行,那么对其财产实施报复时,不能没收其随身携带、学习和外交事务所必需的财产,但对其他财产可予以没收。[55]这也给第三个问题提供了解决方案:若大使或学生所携带之物属于他人财产,能否对此财产实行没收? 如果这类物品是他们必需之物,我们必然回答不能,比如马匹以及诸如此类之物[56];反之,则可予以没收。

第 131 节 能否基于简单地宣布报复就对留存于报复宣布对象国主权之内的财产进行执行,从而夺取该财产并将其纳入报复宣布国主权范围之内?

第二个子问题是,能否基于简单地宣布报复就对留存于报复宣布对象国主权之内的财产进行执行,从而夺取该财产并将其纳入报复宣布国主权范围之内? 有人认为不可以,因为这些财产是在"本国主权之外"。[57]此外,进入他国领土是引发更大规模冲突的导火线。因此,该观点疑点重重,似乎不应该被允许。[58]我不能接受此结论;之所以不得不诉诸国王的权威,是因为司法裁判已经失败,因为以作出严肃判决的方式解决问题已经不可能;相应地,这可在任何地方发生,因为一个人可以随时随地捍卫自己的身体[59]。另外,以简单和普通的方式进行的表示一般应根据其要旨大意来执行[60];当报复是针对一个遥远的国家,而该国公民并未来到,也根本没有财产在报复宣布国,那么结果很可能是报复不能产生任何效果。因此,这种宣布无论如何只能在其能够产生效果的意义上被理解为有效。[61]

第 132 节   如果一个国家的统治者致信另一国的统治者,宣布一国对另一国发动报复之后,是否能够没收敌国留存于本国的财产?

第三个子问题是,如果一个国家的统治者致信另一国的统治者,宣布一国对另一国发动报复之后,能够没收敌国留存于本国的财产吗? 一些权威人士称,尽管可以在执行判决中没收财产,[62]但在这种情况下则不能如此行事。理由是:宣布报复是特殊性战争的一种,任何人都不能将其强加于他人,除非该他人隶属于他。[63]我认为这种观点是不准确的。假定在执行判决的过程中,作判决的法官可以强迫另一名法官,即使该法官不是其下属,对其实施执行;这是错误的,因为平等主体对另一平等主体没有权力。[64]尽管如此,另一名法官若不予以执行也会违法,以致于他可能会因此被人向其上司起诉;因为只有遵守正当法律程序使正义得以实现,法律之治才不至于落空。因此,在两种情况下都不存在强迫问题,但在每种情况下,对方都应在执行判决时正当地行事,因为,正如在司法裁决没有失败的情形下一样,他应该应要求执行判决,故当在司法裁决失败时,即使不能强迫,他也应该被授予可诉诸的报复手段。在联邦国家,这一点显然是得到认同的。[65]

第 133 节   "针对谁"报复?

报复应该向谁施行(更确切地说,报复施行对象)之问题仍有待商榷,关于此问题还会引发一系列问题。

一国宣布向另一国国民发动的报复,能否施于该国居民?

第一个子问题是,如果米兰宣布对博洛尼亚人或博洛尼亚的人民发动报复,该报复可能对博洛尼亚境内的居民实行吗?答案是:"博洛尼亚人"和"博洛尼亚的人民"含义相同。[66]但"博洛尼亚人"指的是该城市的自由民[67],而"自由民"又是"公民"与"居民"的上位属概念。[68]因此,从始至终,根据该词语的自然本性来判断,可以得出,报复可以对居民执行。如果居民承受了国家负担,结论就是正确的[69];反之,这就是错误的。

第134节 继续前一个话题:如果一个国家已经宣布对另一国家的人民进行报复,该报复能否针对生活在该国之外的该国人民施行?

第二个子问题是上一个主题的继续:举例来说,如果米兰已经宣布对博洛尼亚的人民或博洛尼亚人进行报复,该报复能否针对生活在博洛尼亚之外的博洛尼亚人来实行?一些权威人士持肯定态度,因为生活在其他地方的人祖籍始终没变[70];其他人则根据该报复是否是针对某一地域的人们而进行了区分,主张该报复不能对生活在另一地域的人执行,因为这些人被视为不属于该地域[71];或者根据该报复是否针对一个单一国家而进行区分,如果是,则第一种观点优先。第三种意见则根据该人居住在别处,但仍滞留在该地域而进行了区分,然后说道:该报复可以施于该人;但若该人在别的地域,则不可以对其施行[72]。第四种意见主张:根据该词的确切含义,那些生活在别处的人也被认为是博洛尼亚人;但根据语言的一般用法,他们就不是博洛尼亚人,那么一般用法优先[73];因此该报复不能对这些人施行。其他人则认为,该报复可以对居住在他处的博洛尼亚人执行,但只针对对博洛尼亚负有义务之人适用。如果该人并非博洛尼亚臣民[74],则不能对其实行。

第 135 节　报复能否针对一国的公民或居民施行,并且该公民承受了该国的义务但同时又是另一个国家的公民?

第三个子问题是,报复能否针对承受了博洛尼亚的义务、同时又是米兰之公民或居民的人施行? 似乎可以对这些人施行报复,因为若是一个国家可以对非臣民宣布报复,对其居民宣布报复则更是不在话下。这一点可以赞同。所有者可以提出主张,因为用益物权人的滥用行为,他就会丧失其使用权,反之亦然。[75]两个国家对同一公民拥有司法管辖权的情况与此类似。但有些人持相反观点,认为可以无条件施行。其理由是,这一权利是对司法权缺失的替代。而一个国家对它自己的公民能很好地行使司法管辖权时,他就不会遭到报复。[76]此外,国家有义务保卫它自己的公民;因此,报复如果被宣布,则对其不产生拘束力[77]。况且,如果米兰人要受到拘束,那么实行报复的国家似乎也要针对自己实施报复。[78]这一结论如不加限制,我不能接受。不仅如此,如果一个国家事实上不能约束自己的公民——该公民也是报复施行对象国的公民,则国家将以最恰当的方式对其实行报复;因为恰如上述所说,宣布报复之举系由司法管辖失败而起。但作为一种法律情势,司法管辖不能不应该出现,因为在法律之下,所有人都臣服于皇帝。[79]但事实上,因为人民事实上不认同这个皇帝,确实就会出现管辖不能的情况。是故,若某位非臣民犯法,事实上会出现管辖不能的情况,那么同样,如果一人在法律上是臣民,但事实上进行抵抗,那么就不得不诉诸超常规的救济手段。然而,我承认,只有在依照正当程序对一位臣民提起特别控诉,而且正因为此人实际的反叛行为致使该程序无果而终时,这些报复才能针对该人施行。

第136节 能否对(士兵)妇女施行报复?

第四个子问题是,能否对博洛尼亚的(士兵)妇女施行报复? 看起来似乎是可以的,因为战后权利回复原则适用于此。[80] 相反的观点也是正确的,因为报复不能由本人来把握。[81] 而且这种为万民法认可的权力应当依照市民法来理解。[82]

第137节 是否能对神职人员和其他人,甚至是已婚神职人员施行报复?

第五个子问题是,他们能否对博洛尼亚的神职人员施行报复? 权威文献认为不行。[83] 那么对已婚神职人员能否呢? 对于这些人,我们必须遵循上述文献的意见。[84]

若主教疏于为神职人员主持正义,且因主教是分裂教会之人而无法向主教上级求援,能否由一位世俗法官对该神职人员宣布报复?

第六个子问题是,若主教疏于为神职人员主持正义,且因主教是分裂教会之人而无法向主教上级求援,能否由一位世俗法官对该神职人员宣布报复? 一些权威人士对此持怀疑态度。我们则无需怀疑,因为俗人均未被授予针对神职人员的权力,即便后者行为不端。[85] 他们的上级可以强制他们,而俗世法官就不得不求助于祈祷。[86]

第138节 能否在博洛尼亚学生或博洛尼亚的其他学生前往帕多瓦求学的路上对他们实施报复?

第七个子问题是,能否在博洛尼亚人前往帕多瓦的路上对他们实施报复,或者甚至在博洛尼亚学生前往帕多瓦求学的路上对其实施报复? 文献给予了否定。[87] 若他们在有特权的地方学习法律,基于大学的特权,也不能对其实施报复;但如若他们在其他地方学习法律则不适用[88]。但如果在其他院系学习,该指令可以在任何地方发出。[89]

并且,适用于学生的规则同样适用于作家、执杖官及其他一切为了学生的群体。[90]还适用于到大学探望孩子的父亲或者看望亲戚的其他人。[91]

第139节　能否对使节宣布施行报复?

第八个子问题是,他们能否对博洛尼亚的使节施行报复? 答案是:不能[92]。

第140节　能否对正前去庆祝节日、去往圣詹姆斯教堂礼拜或去其他地方消遣的人施行报复? 以及能否对那些在大海上的人、不能被传唤到庭的人或处于其他情况下之人施行报复?

第九个子问题是,能否对正前去参加节日的博洛尼亚人施行报复?《优士丁尼法典》对此予以了否定。[93]那么,能否对前去圣詹姆斯教堂之人或在朝圣途中之人施行报复呢? 我的回答是不能。[94]该规则同样适用于前去消遣之人,因为对前来消遣之人,东道主必须热情好客、礼遇有加。能否对从报复宣布国逃离、泛舟至博洛尼亚之人施行报复? 我的回答是不可以。[95]或者能否对不能传唤至法庭之人——在《论传唤法》中对此类人进行了列举——施行报复? 我的回答是不可以。原因在于如果他们应被处刑,则不可以被扣押;对违法或欠债之人就更不可能适用了。随之而来的是,如若博洛尼亚人受命在米兰执事,则不能对其施行报复,将其扣押。同样,如果一个博洛尼亚人前去米兰参加亲属葬礼,也不能对其实施报复。在前述《论传唤法》中列举的类似情形也同此理。

第141节　博洛尼亚籍的米兰执法官执法不公时,能否对其施行报复?

第十个子问题是,博洛尼亚籍的米兰执法官执法不公时,能否对其施行报复？贝尔维西奥的雅各布斯认为可以。[96]其他人则区分了不同情况。在执法官在职期间，其执法不公不能被上告，或者其为不可被诉的执法官[97]，就不能对其宣布报复。但如果他的任期已经结束，则可以对其实施报复，只要地方行政长官首先提出留置要求；不能向该执法官的属国的法官求助，因为其不会因此类原因而被起诉[98]。但若其是可被起诉之人，则当然可以对其宣布报复。我不能接受这个答案的第二部分，因为报复是为了弥补司法管辖不能而施行的。因此，如若可在其在职期间和犯罪地对其提起起诉[99]；为什么必须进行报复呢？我也不能接受这个答案的第一部分，在该部分提到：可以在卸任后对其宣布报复；因为在任期届满离职后，其可被起诉，并且应该遵守法律形式。因此，这一救济是没有必要的。不过，我承认，在这两种情况下，若没有强制他的法律手段，则不得不诉诸报复手段；那么就没必要求助于他自己城市的法官，因为根据以上引用之法律，该类法官对此类案件没有司法管辖权。

第 142 节　在行政官或统治者的下属官员行事不公时，能否对其施行报复？

第十一个子问题是，行政官或统治者的下属官员行事不公时，能否对其施行报复？贝尔维西奥的雅各布斯认为可以。有人认为该论断是正确的，因为这些官员已经向统治者明确宣誓保证行事公正。[100]但如果这些官员已明确表示反对，则不能对他们宣布报复。[101]同样，如果因为缺席或不知，他们既不表示同意也不反对，那么也不能对其宣布报复。[102]但若他们在场，却既不表示同意也不反对，那么，如果他们被任命为一个担负简单职责的官员，不会被召为统治者的参事——例如公证人、助理以及会计师，那么也不得对他们宣布报复。[103]原因就是他们不能反对。[104]但如果他们是被召为参事的官员，则可以对其宣布报复。

第 143 节　能否向拒不伸张正义的执政官及国家领导人宣布报复？

第十二个子问题是，能否向拒不伸张正义的执政官及国家领导人宣布报复？贝尔维西奥的雅各布斯认为可以。也有人说当这样的人在任时，该论断就是正确的；但如果他们不在场，则该论断是错误的，因为不能对他们的执政官身份宣布报复[105]。

第 144 节　当某人的领主违法或者其他私人违背公义行事时，能否对一个完全无辜的私人实施报复？

第十三个子问题是，当某人的领主违法或者其他私人违背公义行事时，能否对一个完全无辜的私人实施报复？贝尔维西奥的雅各布斯对此执否定意见，因为一个人不应该因为他人罪行而受到惩罚[106]。其他人则持相反观点。[107] 对于个人而言，即便是无辜的，也可能受到禁令处罚的惩戒。[108] 此外，在一场合法战争中，无辜人民也会沦为阶下囚，而报复就是一种特殊的战争；同样地，尽管囚犯可能是无辜的，但国家同样对其享有司法管辖权。这似乎就是规则。

第 145 节　能否对一国的部分臣民，而非全部臣民宣布报复？

第十四个子问题是，能否对博洛尼亚的部分臣民，而不是全部，宣布报复？答案是：如果某些邦国或共同体仅仅依赖于博洛尼亚，但根据协议享有一定的豁免权或司法管辖权，则不能对他们宣布报复。因为这些邦国是自由的，仅仅是在某些特定方面服从于博洛尼亚，而不是臣服于它。故不能因领主的罪行而对附庸宣布报复，因为他们是自由的。[109] 但可以对这些国家的犯罪行为宣布报复，此举是合法的。

第 146 节 能否对拒不伸张正义的特定等级之人宣布报复？

第十五个子问题是，能否对拒不伸张正义的特定等级之人宣布报复？我们必须说这是允许的，只要遵守了正当形式。

第 147 节 论宣布报复之原因

我们仍需要考虑的是宣布报复的实质原因。其原因在于司法管辖不能。首先，应该向法官提出请求；如果法官疏于理事，又无法求助于上级法官，则可施行报复。但此问题仍有待商榷。

第 148 节 是否需要在报复施行之前要求法官伸张正义？

第一个问题是，应该由谁要求法官伸张正义？答案是：应由受害方提出请求；如果法官疏于提供救济，他应该向自己国家的统治者提出吁请，并对其请求和法官的渎职行为宣誓，再次请求统治者敕令法官伸张正义；那么，若法官渎职，则可以对其宣布报复。但当事人一方的请求是必须要有的。[110]

第 149 节 当受害方不敢向加害方所在国家提交诉状的，能否由其本国法官书面申请将管辖权转移给其他国家或者选择的仲裁人？

第二个问题是，受害方因忌惮加害方的个人影响力，而不敢向加害方所在国家提交诉状的，是否可由其本国法官书面申请将管辖权转移给其他国家或者选择的仲裁人？这显然是可以的。[111]关于请求的条款，现行的教会法规定了更宽泛的许可。[112]

第 150 节 应该由什么样的法官来伸张正义？

第三个问题是，应该由什么样的法官来伸张正义？答案是：首先，应该要求犯罪行为人所在国的法官来伸张正义；如果他没有伸张正义,受害方可向上一级法官申诉;如果他失败了,可以向君王申诉[113]。如果所有这些都失败了,则由其本国接替未能尽职的司法管辖区宣布报复。但如果法官进行了审判,又执法不公,宣布了一个不公正判决,那么,如果该国已委任上诉法官,他可以采取上诉的方式;如果没有上诉法官,则可宣布报复。没有委任上诉法官的国家理应受到指责。但如果上诉的两名法官都执法不公,那么当事人一方就没有任何救济措施了,因为不允许第三次上诉;而且似乎也不能宣布报复,因为并不存在司法不能的情况。但若其做出了显然偏袒一方的不公正判决,那么则可以提起"恢复原状之诉"[114]。但如果系由统治者造成的,则统治者应当对受害方由此遭受的损害承担损失赔偿责任。[115]而且,他们相应地应该为"事实之诉"承担赔偿责任。[116]但如果不公正的判决仅仅出自法官的个人行为,则如我之前所述,当事人没有任何救济措施。

第151节　对于什么程度的不公正可以施行报复?

第四个问题是,对于什么程度的不公正可以施行报复? 答案是:轻微程度的不公不可施行报复,因为报复是超常规救济手段。[117]此外,还须是司法完全失败。如果只是部分失败,则不行。[118]因为报复并不能完全地伸张正义。[119]

第152节　在什么情况下,诉诸上级不可能,而只能诉诸报复?

第五个问题是,在什么情况下,求助于上级是不可能的,而只能诉诸报复? 答案是:当在法律与事实上都不可能时,则报复是必要的。[120]如果在法律上可能,但事实上不可能,因为他们不遵守法律,则答案是相同的。但如果法律上不可能,而事实上可能,例如僭主挟持了政府,则依照英诺森(三世)对〈论选举〉的注释意见。[121]但若在法律上可能,在事实上非常困难——例如,皇帝远隔万里,受害人非常穷困——那么,这种情形也可以发动报复。[122]

第 153 节　施行报复的形式原因

仍然需要考虑的是施行报复的形式原因;这有两层意思:一是宣布报复的形式,二是执行报复的形式。而宣布报复的形式关系到一方当事人向报复的宣布对象实施防卫的形式;在这一点上,依然问题重重。

施行报复应根据何种法律?

第一个问题是应根据何种法律施行报复。有人认为,报复系由不承认其上司之人所授予。报复不能通过诉讼权利向这些人主张,也不能通过官员主张;但是可以向对一切事务拥有决断权的国王权力请求帮助。[123]一言以蔽之,这里所有的要求即是万民法所要求的,即赋予报复权利的理由必须真实。然而,这无损于报复宣告的对象的人身防卫权,因为这种权利属于自然法上的权利。[124]这对已经被授予报复权的人来说已经足够,不需要其他的法律程序了。这里是推定所有的事都做得恰如其分,因为对国王的判决提出质疑如同亵渎。[125]这在授予报复权利的权威的领土主权范围内是正确的,尽管报复施行对象国可能会采取报复行为。[126]最后,关于这个问题的任何协议都应该得到承认;例如,向仲裁员或其他人提交申请;万民法所要求的所有事项都得到了恰当的遵守,这一举证责任应当由被授予报复权之人承担。因此,有法定程序并将其付诸书面文件会更加保险。[127]这是副主教大人的观点。他认为,在遭到拒绝后,应当先行警告和宣判;康科迪亚的主教大人基多赞同此观点。但若报复申请之人系法令授权之人,那么,如果法令规定了顺序,则应遵守该顺序。如果没有规定顺序,则授予报复的权力应优先于市民法,因为法令属于市民法[128];如此,则应请求官员依职务进行调查,送达诉愿声明,传唤当事人,根据法律规定启动诉讼程序。

第 154 节　谁有可能会对报复的宣布提出反对意见?

第二个问题是,谁有可能会对报复的宣布提出反对意见? 答案是:任何一个有利害关系的人。[129]但被宣告将被报复的人民也有利害关系,所以任何被他们指定来代表他们的人均可发表意见;该人民中的任何一员无须指定都可以发表意见,因为所有人都有利害关系[130]。此外,也应听取宣布报复之国的国民心声,因为他们对于防止非正义的选战有利害关系,因为他们担心招致反报复。[131]

第 155 节　被宣布将遭受报复的对象可能有哪些防卫的手段?

第三个问题是,被宣布将遭受报复的对象允许有哪些防卫手段? 答案是:他可以主张"抗辩",即原告没有请求权,因为原告欠缺某些个人行为能力,或者是因为没有司法管辖权,或因为他已经在准备赔偿。[132]这种权利能否通过协议放弃? 例如,假设当选的博洛尼亚统治者发誓不会向另一个国家宣布报复,这种放弃能否通过抗辩的方式取得效力? 答案是:若原告因不公正的刑事判决而遭受伤害,那么,其必须通过上诉的方式求助法官,以补救失败的司法权;当然上诉可以以同样的方式放弃[133]。但如果他已经遭受了伤害,则该协议无效,否则的话,违法行为将因此被预先赦免。[134]

第 156 节　司法不公或拒绝司法的行为如何证明?

第四个问题是,如何证明司法不公或拒绝司法之行为? 答案是:通过一审法院法官记录或由证人证明;因为一审法官被要求制作记录;若没有制作,则是不公正的行为[135]。

第 157 节 如果是通过报复强力占有财产,是应该根据一审判决还是二审判决进行扣押?

第五个问题是,如果通过报复的力量收归财产,是应该根据一审判决还是二审判决进行扣押? 答案是:报复宣布之后,若当事人被传唤并出庭,法官对此作出判决的,依判决执行[136];若当事人一审时未出庭,那么应该在一审判决时签发扣押许可,以便给被传唤之当事人造成压力,促使他们出庭;若其仍抗拒出庭,那么在二审判决时签发羁押许可。

第 158 节 执行报复的形式

接下来需要考虑执行已宣布之报复的形式,关于这一主题,衍生出很多问题。

自行授予报复权的人或经由赋予其报复权的执法官之雇员对报复施行对象国之国民实施逮捕?

第一个问题是,自行授予报复权的人或经由赋予其报复权的执法官之雇员对报复施行对象国之国民实行逮捕? 贝尔维西奥的雅各布斯认为其不可以自行决定,而只能由司法当局对报复对象国之国民施行人身逮捕或财产扣押。[137]其他人则补充道:只有在可以向法官求助时,此观点才正确;否则,其可自行决定。[138]我认为这是正确的。然而,授权的条件应加以权衡和遵守。[139]

第 159 节 扣押他人人身和财产之人是否应该将其呈交给法官,还是可以自行保留?

第二个问题是,扣押他人人身和财产之人是否应该将其呈交给法官,还是可以自行保留? 贝尔维西奥的雅各布斯认为他必须将其呈交给法官[140];目的在于防止非法勒索[141]。也有人说,这适用于俘虏,他们应该被带到法官面前。[142]但根据之前解释的原因,财产应当依据一审或者二审判决扣押,进而继续由扣押人保有。[143]对于这些事,就没有必要去法官面前了,第一次的授权就足够了。我认为,所有此类问题,都应该斟酌权衡授予报复许可的形式。

第 160 节　能否将通过报复手段扣押的财产出售?若可以,应该如何出售?能否接受付款或进行估价?

第三个问题是,能否将通过报复手段扣押的财产出售?若可以,应该如何出售?能否接受付款或进行估价?一些权威人士认为:应该根据法官判决予以出售。[144]法官可以应请求对其作出估价[145];如果所估价格与损失额相当,就应当允许出售[146]。而在这些问题上,我仍然认为,与前述情形一样,应遵守授权的形式要求。

第 161 节　能否在节假日作出报复宣布?

第四个问题是,能否在节假日宣布发起报复。答案是:由于人们的需要,可以在节假日宣布发起报复,就像可以在这些节假日作出判决一样[147]。但如果是在礼敬天神而神圣圣洁的假期,一些权威人士认为就防止整个授权失效而言,可以并且只能在这些假期宣布宣布,举例说来,即是授权人们施行报复的对象是……。[148]否则,则不行。[149]我不能接受该结论的第二部分。因为在此种情况下的扣押之物,要么依照一审判决,要么依照二审判决,或者前述判决的强制执行。在此类假期中,所有这些都是被禁止的。[150]并且,法律特别规定,在专门为人民需要而设置的假期里,这些案件均可以付诸诉讼[151];但在礼敬天神的圣洁假日里,没有例外可言,必须严格遵守法律之规定。

第162节 若某人希望保卫自己或保卫因报复而被扣押的财产,应该求助于哪种管辖权?

第五个问题是,若某人希望保卫自己或保卫因报复而被扣押的财产,应该求助于哪种管辖权? 答案是:权威人士说,如果执行已经完结——例如,已经出售了该财产或已收到支付款——那么普通管辖权就可以,而如果此人诉诸了特别管辖权,则不接受此诉讼。[152]但若执行尚未完结,仍然悬而未决,那么他可以求助于法官的特别管辖权,此种管辖权将依照报复宣布之记录作成的摘录而启动,他可以记录被授予报复权之人的起诉中包含的瑕疵,或者是起诉人的无行为能力,或者是前面已经提到过的请求。[153]在这点上,将适用简易司法管辖权。我不能接受这个结论的第二部分。如果报复宣布后,当事人被传唤并到庭,诉讼程序的通常步骤按部就班,那么很显然,这一结论无法成立,因为这些"抗辩"应该从一开始就被提出,而不能在判决作出后才提出。[154]但当报复宣布后,当事人拒不受命,在一审、二审中缺席,那么结果与对物诉讼中一年时效完成的结果是一样的,因为除了普通程序,他的诉讼不会被受理。[155]但在一审判决中可以被允许。

第163节 遭勒索之人的救济手段

遭勒索之人的救济也是这一主题的组成部分。涉及的问题相当可观。

遭勒索之人是否有针对勒索责任人或过错方的救济手段?

第一个问题是,遭勒索之人是否有针对勒索责任人或过错方的救济手段? 阿瑞拉的雅各布斯[156]认为,可以针对勒索人宣布发动报复[157]。其他人则持相反观点。[158]因为其遭受勒索,不是因为私人,而是由于法官拒绝裁判或枉法裁判。他们说道,因此,法官就是实施勒索之人,因为他枉法,此时,法官不会提供救济[159];或者他是因为过失

而裁判不公,则其会对请求公正之人提供救济[160]。或者第三种情况,
他是勒索人之一,那么处理意见就是雅各布斯所持的那种意见。[161]

第 164 节   遭勒索之人能否向统治者或主要债务人主张救济?

第二个问题是,如上所示,遭勒索之人能否向统治者或主要债务
人主张救济? 答案是:在起诉时,首先控告的必然是主要债务人;若其
没有清偿能力,则是统治者,因为没有伸张正义,统治者自己也成为了
债务人。这一顺序必须被遵守。[162]最后,可以求诸于有义务要求统治
者秉公执法的、却疏于履行该义务的官员。[163]

第 165 节   某人在某国曾被人基于报复而抓捕,他能否自行决定抓捕属于该国之人?

第三个问题是,某人在某国曾被人基于报复而抓捕,他能否自行
决定抓捕属于该国之人? 似乎是可以的。[164]于此,相反的观点是正确
的,人皆享有的权利在法律执行中也同样适用,例如,如果一国非法向
另一个国家宣布报复,另一个国家可对第一个国家做出相同举动。但
这不能适用在行为执行之中。这就像是我抢劫了你,你也抢劫我,因
为此举是被允许的报复手段。[165]因此,他必须返回自己的国家,要求
对其施行抓捕的国家宣布报复。

第 166 节   万一普通法没有授权,能否通过法规来授予报复权?

第四个问题是,万一普通法没有授权,能否通过法规来授予报复
权? 答案是:即使在普通法不允许的情况下,一个国家可以向完全臣
服于自己的国家宣布报复,但不能对独立国家,或者盟国宣布报
复。[166]其原因是报复权的赋予取决于一个关键性原因:枉法裁判或拒
绝裁判,而且一国不得制定法规反对另一个国家,因为"同类相斥"。

第二点,这取决于能否向拒绝伸张正义一方的上级求助。在这个问题上,一个国家不得制定法规反对另一个国家。因为在未向拒绝伸张正义一方的上级上诉之前,不能制定宣布报复之法规。因为这会破坏该上级的司法管辖权。[167]第三点,宣布报复的上级需要有此权限,这一权限自身不再需要更上一级来确认;于此,一个国家可以判定:没有上诉法律依据,一个人可以因债务被逮捕[168];正如在某些案件中可以裁定,妻子对丈夫所欠债务的负有清偿的义务[169],儿子对父亲的债务亦同[170]。

　　一国之法规定儿子须对父亲违法承担责任,它能否对生活在该国领土之外的孩子执行?

　　第五个问题是,一国之法规定儿子须对父亲违法承担责任,(那么)它能否对生活在该国领土之外的孩子执行? 答案是:若是此人出生于其父亲犯下过错之时,那么问题在于法律是否应对居住在别处的儿子执行? 答案是不能[171];是可否依据这个法规对他提起"诉讼"?这是可以的。因为诉讼可以在其居住地对其提出[172];除非儿子在其父亲违法行为之前在他处获得了住所,或者由于一个原始住所而不在场。因为另一个国家拥有优先管辖权,可以使其免受他国法规约束。然而,如果儿子在父亲犯下错误后出生,那么将不能对他提起诉讼。[173]如果法令规定一个公民应为他人的错误负法律责任,我的答案依旧如此。一个刚刚成为公民的人对旧债不承担责任。[174]

第 167 节　同意某人对他人的罪行负责是合法的吗?

　　第六个问题是,同意某人对他人的罪行负责是合法的吗? 答案是:若是通过私人的明示协议,则是不合法的。[175]即使某人对他人拥有司法管辖权并同意对他人的罪行负责,也不行。[176]尽管一个领主不会如此做,但领主的法官会逮捕导致他人处于这种状况的人。

注释

1. Genesis, ch. ii.

2. Genesis, ch. v and vi.

3. Genesis, ch. viii.

4. De minor. , 1. *in causæ*; De ope. Nov. Nunci. , l. *in provinciali*.

5. De iustit. et iure, 1. *ut vim*; C. Vnde vi, 1. i; De restitut. spoliat. , ch. *olim*.

6. Quod cuiuscunque universit. , 1. i.

7. xxiii, q. l. i, ch. *Dominus Noster*.

8. De foro competenti, *ex tenore*; and ch. *licet*, and ch. *ex parte*; Qui filii sint legitimi, *per venerabilem*.

9. C. Vnde vi, 1. *si quis in tantam*; and Quod met. Causa, 1. *exstat*.

10. Authentics, Vt pign. non fiant; and Sext, De iniur.

11. De captivis, 1. *hostes*.

12. De procuratoribus, l. *procurator qui*.

13. De restit. spoliatorum, ch. *olim*.

14. Quae in fraudem cred. , 1. *ait prætor*, § *si debitorem*; Quod vi aut clam, 1. *alius*, § *bellissime*.

15. De condict. ex lege.

16. De orig. iuris, 1. ii, at the beginning.

17. Communi divid. , 1. *ut fundum*; and De simonia, ch. *licet Heli*.

18. De rei vindicatione, l. *qui restituere*.

19. Quod cuiuscunque universitatis, 1.

20. Sext, De sent. excom. , ch. *si civitas*.

21. De iustit. et iure, l. *ut vim*; C. Vnde vi, l. i.

22. C. De furtis, l. *manifestissimi*, § *sed cum secundam*; De regul. iuris, rule *secundum naturam*; and Sext, rule *qui sentit*.

23. De collegiatis, book xi, l. *qui sub prœtestu*; and De collegiis book xii, l. i, *collegia si quœ fuerint illicita*.

24. C. book xii, De consulibus, l. *nemini*; [C] ff. De excusat. [tut], l.

sed et milites，§ *quæsitum*；De testam. mil. ，the penultimate law.

25. Ad municip. ，l. i，and l. *incola*.

26. De offic. praesidis，l. *illicitas*，§ *ne potentiores*.

27. De act. empti，l. *Iulianus*，§ *offerri*.

28. C. De pactis，l. *si quis conscribendo*；De episcop. et cleric. ，*vel a Principe*.

29. C. De legibus，l. *quod favore*；Sext，rule *quod ob gratiam*.

30. Authentics，l. ii；C. De episcop. Et cleric. ，statuimus.

31. C. Vbi senat. Vel clarissimi. l. ii；De vacat. mun.

32. Ad muicip. ，1. *assumptio*.

33. Ad municipalem，l. i.

34. Ex quibus cau. maior. ，l. *sed etsi per prætorem*，§ *sed si dum*.

35. De usufruct. legato. ，l. *sed et si quis*，§ *et regulariter*.

36. Ad municipalem，l. *assumptio*.

37. De oper. nov. nuntiatione，l. ，at the end.

38. De Publiciana，the last law；也支持这一观点的，参见 Ad municipalem，l. de iure.

39. C. Qui et advers. quos，the last law.

40. De iustit. et iure，l. ii；and De captivis. *postliminium*，§ *filius*；De castrensi peculio.

41. De patri. ，throughout.

42. Ad leg. Aquil. ，l. *item Mela*，the last section；the same title，l. *si dominus servum*.

43. Ad leg. Aquil. ，l.

44. De vi et De vi armat. ，l. iii，§ *eum igitur*；and De homicid. ，*significasti*；Sext，De sent. excom. ，*dilecto*.

45. Quod met. causa，l. *metum*，§ *animadvertendum*.

46. De dolo，l. *sed si ex dolo*.

47. Pro emptore，l. *ei qui fundum*，§ *si tutor*；De furt. ，*interdum*，§ *qui tutelam*.

48. De servo corrupto，l. *doli*，the last section；Depositi，l. § *si servus*；De

oblig. et actionibus, l. *quœcunque*.

49. Ad municipalem, l. *Municipes*, the last section.

50. Ad municipalem, l. *Municipes*, the last section.

51. De verb. Significat., l. . . . . *appellatione*.

52. Pro emptore, l. *ei qui fundum*, § *si tutor*.

53. Qui et a quibus, l. *prospexit*; De leg., iii, l. *non aliter*; and De exercito-
ria, l. § *is qui navem*.

54. De in ius vocando. l, *satisque*; Authentics, Vt nulli iudicum, § *necessari-
um*.

55. De publican., l. *si publicanus*.

56. De verb. significatione, l. *censoria*.

57. De iurisdictione[omn. iud.], l. *extra territorium*; and De rebus auctor.
iudic. possidend., l. *cum unus*, § *is cuius*; and Sext, De constit, ch. ii.

58. De reg. iuris, l. *non est singulis*.

59. De iustit. et iure, l. *ut vim*; and C. Vnde vi, l.

60. De leg. Praestan., l. i, § *generaliter*.

61. De legat., i, l. *si quando*; De reb. dub, l. *quotiens*; De reg. iur., l.
quotiens.

62. De re iudicata, l. *a divo Pio*, § i; and De rebus auct. iudic. poss., *cum
unus*, § i.

63. Vsus Feudorum, Hic finitur lex Conradi, ch. *domino*.

64. De arbi., l. *nam magistratus*; Ad S. C. Trebellianum, l. *ille a quo*, §
tempestivum; De elect., ch. *innotuit*.

65. see ff. De captivis, l. *non dubito*.

66. De excus. tut., l. *sed reprobari*, § *ampliu*, and the gloss there.

67. Ad municipalem, l. i.

68. C. De incolis, l. *cives*. 此外，也支持这一见解的文本参见 Ad munici-
palem, 1, *filii*, § *municeps.*

69. Ad municipalem, l. i.

70. Ad municipalem, l. *assumptio*.

71. De verbor. Signific. , 1. *provinciales*.

72. C. De adoptionibus, 1. *in adoptionem*.

73. De legat. , iii, 1. *librorum*, § *quod tamen Cassius*.

74. Ad municipalem, 1. i; De excusat. tut. , 1. *si duas*, § *sed et reprobari*, § *amplius*; and C. De agric. et censitis, 1. *cum scimus*, at the end.

75. De damno infecto, 1. *si proprietarius*, and 1. *hoc amplius*, § *si cum*, and the end.

76. Si quis test. lib. esse iussus, 1. i, § *utique*(?).

77. De evictionibus, 1. *vindicantem*.

78. De iur. Fisci, 1. *in fraudem*, § *neque*.

79. Ad leg. Rhod. de iact, 1. *deprecatio*; ix, q. iii, ch. *cuncta per mundmn*. and ch. *per principalem*.

80. C. De[captivis] postliminio reversis, 1. i.

81. C. De offic. eius qui vicem alic. iud. Obtinet, Authentics, *sed hodie*; C. De execut. rei iudicatae; Authentics, *sed novo iure*.

82. De servit. , 1. *si cui*.

83. Sext, De iniur. , the single chapter.

84. Sext, De iniur. , the single chapter.

85. De sent. excom, ch. *contingit*, and ch. *in audientia*; and Sext, the same title, ch. *si iudex laicus*.

86. De offic. iud. ord. , ch. i; xxiii, q v, *regum*, and ch. *administratores*, and ch. *principes*.

87. Authentics, Ne fil. pro patre, ch. *habita*.

88. In procemio, § *hœc autem tria*.

89. De excusationibus, 1. *si duas*, § *cum autem*.

90. De milit. testam. Militis, 1. i; and De bon. poss. ex testam. militis, the single law.

91. De iudiciis, 1. ii, § item, in the gloss on the word "*venerit*."

92. De legation. , the last law; De iudic. , iii, § legatis; and C. De iurisd. omn. iud. et de foro competent, the last chapter.

93. De nundinis, the single law.

94. De cleri. peregri., throughout; xxiii, q. iii, *si quis Romipetas*; C. *Communia de success.*, Authentics, *omnes*.

95. Authentics., *navigia*, C. De furtis. C. book xi, De naufragiis, l. i.

96. Authentics., Vt non fiant pignor., on the authority of ff. Quod quisque iuris, l. i.

97. De iudic., 1. *pars literarum*; De iniuriis, 1. *nec magistratus*.

98. C. Vbi de ratiociniis agi oportet, l. i, and l. ii, and Vt omnes tam civil. quam militares, l. i; and Authentics, Vt iudi. sine quoque suff., § *necessitatem*.

99. C. Vbi de ratiociniis, l. ii; and Vt omnes tam civil. quam militares, l. i.

100. C. De advoc. Diver. Iud., 1. *per hanc*; C. book x, De excus. milit., the penultimate law(?).

101. De appellationibus, 1. *quoniam*.

102. De magistr. conveniendis, 1. i. at the beginning.

103. De magistr. Conveniendis, 1. i.

104. C. Vt omnes tam civil, quam militares, l. i, § *officium*.

105. De magistr. conveniendis, 1. i. at the beginning.

106. Sext, De reg. iuris, rule *non debet*.

107. xxiii, q. ii, ch. *dominus*.

108. Sext, De sent, excom., ch. *si sententia*.

109. De captivis, 1. *non dubito*.

110. Authentics, coll. iii, Vt differ, iudices. at the beginning.

111. C. Quando Imperator inter pup. vel viduas, l. at the end.

112. Sext, De rescriptis, ch. *statutum*, § *cum vero*.

113. Authentics, Vt differ, iudic, at the beginning.

114. De minoribus, 1. *præfecti prætorio*.

115. C. Ne liceat potent., 1. i; and De his qui potent., l. i.

116. Pro socio, 1. *nec quidquam*.

117. De in integr. restit., 1. *sico*; and De dolo, 1. *si oleum*.

118. C. De preci. imperat. offerendis, 1. *quotiens*.

119. C. De servis fugit., l. *mancipia*; and De damn, infecto, 1. iv, §
in eum.

120. xxiii, q. ii, ch. *dominus*; and C. De Iudaeis, 1. *nullus*.

121. De electione, ch. *nihil*.

122. De pig. act., l. *si servos*; De divers. [et] temp. *praescriptionibus*.

123. De orig. iuris. 1. ii.

124. Clem., De re iudicata, *pastoralis*, § *ceterum*.

125. C. De crimine sacrilegii, 1. *disputare*.

126. Quod quisque iuris.

127. Sext, De iniuriis, the single chapter.

128. De iustit. et iure, 1. *omnes populi.*

129. De testib., ch. *veniens*; De re iudi., ch. *cum super*.

130. De novi oper. *n*unt., 1. *in provinciali*; *the last section.*

131. Quod quisque iuris, in the red, and the black throughout.

132. xxiii, q. ii, ch. *Dominus Noster.*

133. C. De temp. appellationum, the last law.

134. De pactis, 1. *si unus*, § *illud*; De pact, dotalibus, 1. *convemre*.

135. C. Vt lite pendente, 1. ii.

136. De re iudic, 1. *a divo Pio*.

137. De re iudicata, 1. *miles*.

138. Quae in fraud, cred., 1. *ait prcetor*, § *si debitorem*; C. De decur., 1.
generali.

139. De rescriptis, cum dilecta; and Mandati, 1. *diligenter*.

140. De regul. Iuris, 1. *non est singulis*.

141. De offic. praesidis, 1. *illicitas*.

142. C. De decur., 1. *generali*; and coll. x(?), De pace iuramento firmata.

143. Vt in poss. legatorum, 1, *is cutus*, § *qui legatorum.*

144. De re iudicata, 1. *miles*, § ii.

145. C. De iure dot., 1. ii.

146. Ad. leg. Falc. 1. *in quantitate*; and C. De iure deliberandi, 1. *scimus*,

§ *in computatione.*

147. C. De iudiciis.

148. C. De fer., 1. i, and 1. ii; and C. the same title, l. ii.

149. C. De feriis, 1. dies.

150. C. De feriis, 1. dies.

151. De feriis, . 1. i, and 1. ii.

152. De re iudicata, 1. a divo Pio, § *si post addictum.*

153. C. De edendo, 1. ii; and C. Vt lite pendente, 1. ii, and De edendo, 1. i.

154. C. Sent, rescindi non posse, 1. *peremptorias*; and C. De except., 1. *si quidem*; and Extra., the same title, ch. *pastoralis.*

155. De damn, infecto, 1. *si finita*, § *si plures*; and C. Quomodo et quando iudex, 1. *consentaneum*; De dolo et contumacia, ch. *contingit.*

156. De verb, oblig., l. ii.

157. De neg. gest., 1. *nam et servius*; Nautae caup. stabul., 1. *licet*, the last section; De his qui deiec. vel effus., 1. *si verot* § *cum autem.*

158. De reg. iuris, 1. *si quis* dolo.

159. 1. si quis dolo, above.

160. C. bookx, De exact, trib., 1. *missi*, at the end.

161. Nautae caup. stabul., 1. *licet*, at the end.

162. De magistr. conven., 1. i, ; and C. De conven. fisci debitoribus, 1. *quoniam.*

163. De tut. et rati. distrahendis, 1. i, § *nune tractemus.*

164. Quod quisque iuris.

165. Ad leg. Aquil., 1. *scientiam*, § *qui cum aliter.*

166. De captivis, 1. *non dubito.*

167. De iureiurando *venientes.*

168. C. book xi, De omni agro deserto.

169. C. In quibus[modis] causis pign. contrahitur, 1 *satis.*

170. C. book xii, De primipilo.

171. De re iudicata, 1. *a divo Pio*, the penultnnate section; and ff De rebus, auctor. iudi. possidendis, 1. *cum unus*, § [*cum is*] *is qui*.

172. C. De longi tempor. Praescriptione, the last law.

173. De noxal., 1. *in delictis*, § *si extraneus*; De milit. testamento, 1. [*si*] *Titius*.

174. C. De decur., 1. *providendum*; and note Dinus on ff. Ad municipalem, 1. *incola*.

175. Authentics., Vt non fiant pignorationes.

176. C. Ne filius pro patre.

第三章 论 决 斗

第 168 节　为宣誓断案而发动的特殊性战争称之为"决斗"

现如今需要来考察决斗。对于这一主题，首先我要讨论什么是决斗；其次，决斗分为多少种；第三，什么法律准许决斗，以及什么法律禁止决斗；第四，准许决斗的原因是什么，禁止它的原因又是什么；第五，是什么使得决斗合法；第六，什么人之间的决斗是合法的；第七，决斗怎样进行？

第 169 节　什么是决斗？

关于第一个问题，我认为决斗是两个人之间的身体搏斗，双方经过深思熟虑，为了宣誓断案而战，为荣誉而战，或是为夸大的仇恨而战。我所说的"搏斗"指的是决斗所从属的种类。我所说的"双方经过深思熟虑"，区别于因必要的自卫而进行的搏斗。[1]就如克雷芒（三世）在前面引述的著述（si furiosus）里所说，就那种搏斗而言，通常被攻击一方是没有思虑的，只有攻击方会经过深思熟虑，或双方都没有。但是在决斗中，双方都经过深思熟虑。我之所以说是"在两个人之间"，因为按照这个词的词源，这样一场搏斗可以恰当地称之为决耳。[2]"两个人之间的一场搏斗"，区别于当事人双方基于共同协议形成的契约。[3]我所说的"身体的"搏斗，要与司法斗争区分开来，后者也发生在原告和被告双方之间[4]；因为那样的竞争不是用身体的力量来搏斗，而是用法律在搏斗,此可参见刚才引用的法律。我所说的"宣誓断案而战,为荣耀而战,为夸大的仇恨而战",正如下面所示的,它切中要害,表明了决斗的不同种类。因此,这就得出了决斗所属类型的描述。

第 170 节   决斗分为多少种?

关于第二个问题,我们必须注意的是上文所描述的决斗是一般性决斗,正如我在结尾处所提醒的,各种决斗由后面的文字表明;有三种。一场决斗不是因为仇恨的放大而起,就是通过身体的力量赢得公众的荣誉,亦或是因为有人提起控告,为进行宣誓断案而进行决斗。

一场因仇恨的放大而进行的决斗是怎样的?

当人们仅仅是为仇恨所驱使,就是因仇恨的放大而进行的决斗。这在自然中有其根源,就是自然哲学家称为"特殊形式"的诛灭另一个人的奇特的天性。我没有发现这种决斗是由法律规则来规定的,但正如我即将要展示的那样,它来源于自然的第一原则,并且被感官体验所认同。

一场为赢得公众荣誉而进行的决斗是怎样的?

第二种决斗是为了赢得公共荣誉,在公众面前,两个男人用不同的方式证明他们身体的力量。我发现这种决斗形式由市民法[5]和教会法[6]规定。但还有为宣誓断案而决斗的情况[7];但这不适合称之为决斗,而(应该)是"摔角"[8]。

一场因控告,采用宣誓断案形式而进行的决斗是怎样的?

第三种决斗是为了宣誓断案;也就是说,当某人遭受到指控,而他对证据提出挑战,不管是有或没有其他证据,并提出用他的身体力量来证明。决斗是一场博斗,此人通过这种方式来挑战"洗清"自己。而这也是由法律规定的[9];当我讨论主题的这个部分时,要转向《伦巴第法》。

第171节 什么法律允许决斗,而什么法律禁止决斗?

关于第三个问题,也就是说,什么法律引入了决斗,这个问题是要解释了上述所提的几种决斗,都有什么法律允许,而什么法律禁止。首先,决斗的产生是缘于自然仇恨的放大,关于这点,我们必须了解,是自然法引入了这种决斗。自然法这一术语的第二层涵义就是,源自对某些欲望的客体之感知的自然本能[10]。而决斗本身也是被自然法禁止的,这是意指自然法是源自理性智慧的一种本能,即被称之为自然公正。此外,在教会法上,自然法还有第三层含义。[11]从自然法包含了神法的道德认知的意义上来说,决斗同样是被禁止的,这就是自然法这一术语的第四层含义。[12]最后,实证法同样禁止决斗;也就是说,教会法和市民法禁止决斗。这些观点都必须一一证明。

自然本能源自对某些欲望的客体的感知,从这个意义上来说,因仇恨的放大而进行的决斗是如何被自然法所引入的?

我说过,自然本能源自对某些欲望客体的感知,从这层意义上将,这种决斗形式是由自然法引入的。它表现如下:凡是由近因产生的结果都是必然要产生的结果。然而,这种自然法则,根源上倾向于这样的欲望,它是决斗的感官欲望产生的诱因。因此它是决斗的诱因。大前提得到了证明。因为凡是对直接触发原因的原因间接但充分地产生了影响的,自身也会影响到结果。[13]小前提得到了证明。因为,从自然禀性,以及从自然第一原则出发,不管是高级还是低级,人类的欲望拥有各种不同的倾向。如果任何人的优点或缺点被消除,那么使我不快的事物自然而然会取悦于你,反之亦然;如果任何偶然性被消除,那么人的爱恨都是来自于自然禀性。任何人都可以自己验证这一点。然而,我们若观察天体时,会很容易发现这个原因。因为人类在他们出生的时候以及他们出生的那一刻,都在神赐的外形上有一致性,他们来自父辈的血统使他们外表一致,这使得他们毫无疑问天生就是最坚定的朋友。因此,若是他们的这些标志格格不入那么他们彼此将是最不共戴天的仇人。因为相同的效果必须来自于相同的原因。[14]然而,在此我们必须注意之前我所说的人与人之间的这种天然敌意源自奇异的自然禀性,自然哲学家称之为"特殊的形式"。如果我们观察人类的天然禀性,由于和人类形态有关的外观的一致性,人类间本应该存在友谊;由于法律规定人与人之间有一种人性的责任,各方都应当遵守[15]。因此,它不是源自于物种的自然秉性,如果我们参照一些动物种类,就不能自然而然的发现它。动物的种类之间存在某种联盟和共栖的契约,这是和特殊形式有关的外观的一致性决定。然而,物种与物种之间有时会相互极为反感,这也诱使了一个物种去消灭另一个物种;比如,鹰类和鸟类,猫和老鼠,狗和兔子,等等。因而它是源自与第一原则格格不入的一些个体的秉性,不论高级还是低级。任何人都可能经历这种影响。然而这种秉性通常不会立即引发决斗,而是仅仅通过那些会促使人们很快行动的媒介行为,尽管我认为格格不入的个体禀赋可能会强烈到促使人们一见面就展开一场决斗。这种情况只会在人们仅仅被感官支配,不考虑其他任何原因时才会发生。从这个讨论中,我们可以得出结论,这种形式的决斗在刚才阐释的意义上被自然法所引入。

第172节　因仇恨的放大而进行的决斗是如何被理性智慧意义上的自然法以及神法、教会法和市民法禁止的?

接下来考量我所说的这个主题的第二个方面。我说过,从理性智慧的意义上来说,决斗为自然法所禁止,因此也被万民法所禁止;此外,就自然法蕴涵了神法的道德认知而言,决斗也被自然法禁止;同样,它也为教会法和民法所禁止。这一点没有比神法开篇的记载表现的更清楚的了。摩西十诫的戒律之一就是"不可杀人",因此,决斗为神法所禁止,这是普通的规则。如果以耶弗他的例子来说,他杀了自己的女儿,可是神法却不判其有罪[16];还有参孙的例子,他杀了许多人,然后自杀而亡[17];正如奥古斯丁在他的第一本书[18]中写到的,这些都没有证明相反的观点,因为他们的行为是被神灵所激励。因此,决斗被神法的戒律——"不可杀人"所禁止。[19] 教会法也禁止决斗。[20] 市民法同样如此。[21] 如果你说那些法律禁止主动杀人,因而也禁止可算主动杀人的决斗,然而因决斗而杀人是由自然禀性所导致,不是主动、自愿的杀人,而是自然而然地被引发,职是之故,那些法律不能适用于这类案子,答案已经至为明显了。尽管决斗是被自然的身体秉性所引发的,但自然智慧的命令却指向相反方向。后者应该被遵守;因为自然禀性无法强迫,但人的意志却是自由的[22]。甚至占星家的主张也与此相同,并更有力地论证了此观点。故而,托勒密在《金言百则》第十句中说"一个明智的灵魂主宰着星星"。因此,尽管身体的禀性源自自然的第一法则,但自然智慧仍然存在并指向完全相反的方向。所以它将此斥为几种道德的恶。不同的人自然地倾向于特定的恶:有人傲慢自负,有人奢侈放纵,有人吝啬贪婪,等等。而他们不可被原谅,因为他们实际上没有被强迫。[23] 因此,亚里士多德说[24],感性与知性的欲求有时是相反对的。因为感性倾向于一个方向,而知性则倾向于另一个;如果知性压倒了感性,那么运动就是理性且自然的,就像一个较高的天体驱动一个较低的天体。但如果反过来,则运动是反自然的,就像一个较低的天体驱动一个较高的天体;尽管感性的运动源自自然,倾向于恶,但正如同亚里士多德在《政治学》第1卷所说的那样,如果感性不像臣民服从于君主一样服从与于知性的话,它仍然是反自然的。这种决斗是被自然法所禁止的,同样也被万民法禁止。证明如下:普遍的、自然的公正源于知性,倾向于宇宙的保存;因此,实定法在其中有其根源,更确切的说,它本身或多或少就是自然法的公正[25]。

因此,既然自然公正倾向于宇宙的保存,它便拒绝人类的灭绝,即人类的灭绝通常意味着世界的破坏;我说人类的灭绝意味着世界的破坏,是因为有些人的死亡会保护世界,比如,坏人的死亡。因为为着人类整体的利益,他们应该受到惩罚。[26]从这个讨论中,我们可以明确地推断出神法、万民法、教会法和市民法是如何禁止这种类型的决斗的。

第 173 节   在自然本能源自于感官感受的意义上,自然法如何引入为荣誉而进行的决斗?

下面要考虑的问题是,为了胜利的荣耀而在公众面前决斗,什么法律引入它,什么法律禁止它。我说过,在自然法这个术语的第二层意义——亦即自然的本能起源于感官感受——上,这种类型的决斗是由自然法引入的,然而,从万民法和神法的意义上来说,自然法却禁止这种决斗。但是,就如我目前所展示的一样,它同样为教会法和市民法所禁止——当然是有条件的禁止。让我们来论证各种规定。我说过这种决斗在自然法的第二种意义上由自然法引入。这会在最后章节的论证中得以证明。源于自然第一原则的感性的倾向导致身体力量的判断仅仅只是为了赢得荣誉。所以,因为生成性的原因会产生它的结果,它便引发了这种决斗,参见上一节引用的法律。然而,如果我们考虑各种决斗的结果,这种决斗不如第一种可恨。由于恒久不变的天然敌意,第一种决斗的结果会导致决斗一方的死亡。而现在我们讨论的决斗并不必然导致某一方的死亡,而是导向胜利,没有一方的死亡也可赢得胜利。因为人类的行为因导致的结果的不同而判然有别,故这种决斗便没那么可恨。[27]因此正如亚里士多德在《伦理学》第4卷中所说的那样,因为可以获得钱财,某人与一个女人通奸,他不是一个奸夫,而是一个吝啬鬼。因此,如果我们衡量结果,那么这种决斗不如前者可恨。这种观点将被以下考虑所证实:第一种决斗是源于仇恨,其本身就是可憎的,如果它不是源于某种合理的原因,它就是可憎的。而第二种决斗不是源于仇恨,因为,即使是天生的朋友也会在公众面前为了荣誉决斗到最后。所以,可确证如下:一件事偏离自然公正越少,受到的憎恶就越少;而第二种决斗与自然公正偏离得不远,因此,可憎程度较低。行为的可憎或被认可是根据自然公正来决定,法律相应地也禁止或许可这些行为。[28]小前提得到了证明。仅仅是因为进行决斗会导致某一决斗者被杀,决斗就偏离了自然法的公正,是一种趋向于毁灭宇宙的行为,依据自然公正,新的市民法禁止决斗。[29]然而古代市民法并不禁止这种决斗,因为针对以这种方式杀害另一个人的诉讼被豁免了。[30]反之,第一种决斗远远地偏离了自然公正。首先,因为它必然导致一方或两方的死亡。它的不同还在于如果没有什么原因而是被仇恨激发,这是自然公正所厌恶的。因此,这种决斗更是令人憎恶。这可以为以下道理所确证:完全有害和无一益处要比部分有益和部分有害令人憎恶的多。第一种决斗是完全有害,无一益处,而第二种决斗是部分有益的。大前提清晰明确。既然这些事件是以结果为权衡,那么行为便因其结果是值得赞赏还是应受到谴责而类分。[31]小前提得到了证明。第一种决斗的唯一目标是相互毁灭,这是有害的;而第二种决斗是为了在公众面前寻找乐趣并娱乐大众。这就是为什么竞技和围观是被允许的。[32]这个讨论得出的结论是,这种决斗从自然法这一术语的第二个意义上来说是由自然法提出,并且它不如第一种决斗可恨。

第 174 节　神法是如何禁止为赢得荣誉而进行的决斗?

下面要考察这种决斗怎样被禁止。我说过它被神法、万民法和实定法禁止,亦即被教会法和市民法禁止。现在,神法对它的禁令证明如下:当一种事情被任何一项法律禁止时,所有导致那件事的事物同样被禁止。神法禁止杀人,而这种决斗会导致杀人,故而也被禁止。因此,大前提被证明。[33] 小前提由《申命记》第 5 章"不得杀人"证明。然而这种决斗导致他杀是清晰可见的。这一点可以为以下义理所确证:一个行为与仁爱的根源悖离时,会被神法禁止;而这种决斗与神法如此相悖,因此被禁止。至此,大前提得到证明:仁爱是所有美德的基础,且排斥一切罪恶[34];因此一件事与仁爱相悖且亲近恶的本质,就会遭到神法的禁止。小前提得到了证明。仁爱是神的爱,是爱他的邻居如爱自己一般[35];但一个人在公众面前决斗是为了征服他的邻居,这不是爱他,因此神法禁止这种决斗。

万民法是怎样禁止为赢得荣誉而进行的决斗?

我同样说过万民法禁止这种决斗。证明如下:一种趋向于宇宙毁灭的行为是由万民法所禁止的。这种决斗就是这样的一种行为,因此被禁止。大前提证明如下:万民法建立于自然公正之上,它趋向宇宙的保护和提升。[36] 小前提因此证明:这种决斗趋向于人的毁灭和死亡,而人是宇宙中最尊贵的一部分,不仅如此,人还是造物的目的[37];因此万民法禁止这种决斗。这可确证如下:一种行为违反了自然公正的戒律,即万民法本身,或其基础的,均为万民法所禁止。而这种决斗显然是违反的,故被禁止。因此,大前提证明如下:既然同样的规则适用于对立面,那么所有应被指令的反面会被万民法禁止。[38] 小前提证明如下:它是万民法的规则之一,即人不能因他人的损失而自肥。[39] "己所不欲,勿施于人",这也是万民法中的一个规则[40];然而,这种决斗违反了两条规则。首先,它违反第一条规则是因为,决斗者从他的同伴和邻居的耻辱中寻求荣耀,并且他不希望同样的事发生在自己身上;因此万民法禁止这种决斗。可以确认:属于非法战争的行为被万民法禁止。这种决斗就是如此,故当禁止。因此,大前提得到了证明,因为法律仅仅允许合法战争。[41] 小前提更简单明确。因为决斗不是君主授权宣布,也不是必要的自卫,故而被禁止。因此,从这点来看,我们可以推导出决斗是被万民法所禁止的。然而,以下的异议将立即引出前面的讨论。这种决斗是对勇敢的一种考验,而勇敢是一种道德上的美德,不仅如此,它甚至是一种基本美德。然而,无论是道德美德还是其践行都不会被万民法所禁止。因此,刚刚所得出的结论就不成立。然而在此,真正勇敢的行为是一种美德,这是显而易见的。因为在这种决斗中有伺机以待和攻击。答案就是:在检验这个相反结论时,我们必须注意到真正的勇敢是一种美德和基本美德,不管是它还是其践行都不会被万民法禁止。但也存在虚假的勇敢,正如亚里士多德《伦理学》第 4 卷〈论勇敢〉所说,有五种参与了攻击和等待的行为是虚假的勇敢。有些人展开攻击是由于害怕惩罚,因为那些逃离战争的人会遭到惩罚。有的人展开攻击是因为基于他们在战争中的经验,例如雇佣兵;这些人时刻准备攻击,也时刻准备逃跑,正如亚里士多德在前引书中所述。有的攻击是出于愤怒,完全不顾危险。有的人攻击是基于希望,不相信危险的存在,如果他们知道存在危险便不会攻击。有的攻击是为了赢得观众的喝彩欢呼,因为大家通常赞美勇敢,嘲笑怯弱。这五种行为是真正勇敢的虚假仿制品。对于真正的勇敢必须具备以下条件:第一,一个人应该在知情的情况下作为,无知的行为不是一种具有美德的行为,因为审慎理应控制所有的德行行为;第二,他必须处于选择而行动;第三,他必须基于行为自身的目的而选择,也就是说,为了行为本身的善好和价值,而不是为了一些外在的东西;第四,他必须坚定且欣然地行动。上述所提到的所有的假冒形式或多或少都缺少真正的形式。他们所缺乏的是为了行为本身而行动,即为了行为的善好和价值。因此,在举出的例子中:那些在这种决斗中攻击和等待攻击的人是为了荣耀而战,而不是为了行为本身的善好和价值而战。并且,他们在此的行为也不是为了履行任何责任。这些论证都被收集在亚里士多德《伦理学》第5卷中。因此,我们可以从上述讨论中得出结论,即这种决斗被万民法所禁止。

教会法和市民法是如何禁止为荣耀而进行的决斗的?

我说过这种决斗也被教会法和市民法禁止。显然它之所以被教会法禁止,是因为教会法在禁令和允许上模仿了神法的模式,因此,正如我上面所述的,决斗被禁止。这同样为〈论摔角·决斗〉所证实,尽管它针对的是神职人员,但因为同样的规则适用于所有人,因此决斗被禁止。〈论竞赛〉更好地证明了这点,这一文献记载死于竞赛中的人被拒绝埋葬。因此,结论是明确的。然而,讨论市民法是怎样禁止这种决斗则必须考虑其过程,因为这种决斗据《学说汇纂》中记载的古代旧律似乎是允许的[42],该文献表明,某场刑事诉讼并没有判决在拳击决斗中将另一方杀死的人死刑。但它似乎是被《优士丁尼法典》的新律禁止。[43]那么,我们应该如何解读呢? 我们应该说旧律已被新律修改了吗?[44]对此,我认为我们应该注意到,一场打斗不一定必然是血腥的,当人们以臂力进行摔角或类似打斗时,没那么容易流血;我没有发现这种摔跤被市民法禁止,不管是旧律还是新律;不仅如此,新律甚至允许旁观者为了娱乐而观看[45]。然而,在一场生死相拼的决斗和摔跤中可能容易出现流血事件;显然,毫无疑问这种决斗是为《优士丁尼法典》的新律所禁止的[46],而且当神法和万民法禁止这种决斗时,就已经明白无误的提出了禁止决斗的原因。虽然似乎旧律允许这种决斗。[47]但也许你会有如下的异议。你会说虽然这种决斗被万民法所禁止;然而,市民法的公正不同于万民法的公正,它对于万民法的公正增加了自己的限制并补充了各种详细规定[48]。因此,这种决斗被万民法所禁止,市民法也不允许这种决斗;否则市民法将与万民法相悖。我对这种反对意见有些犹疑不决;但我揣酌了这些观点话语[49],以及我认为立法者抱持的意图。根据证据的方式,我观察到的许可可能有三种。

它可能是一种简单的许可,免除和放弃惩罚[50];正如有评注指出,这意味着免于处罚,不予责难。第二种许可的形式是消除被允许的障碍,正如文本所说的,犹太人之所以能在我们之间居住,是因为妨碍他们与我们共同居住的礼俗阻碍已经被消除了。[51]第三种形式的许可是允许对这种行为提供帮助;比如,我们看到,有时教会通过提供帮助的方式,允许世俗法官判处某个神职人员的死刑,这是因为事实上是教会将此神职人员移交给法官的[52]。第二种形式在第一种的基础上增添了一些内容,因为它消除了障碍,而第一种许可没有,它仅仅只是免除了处罚。第三种许可在第二种基础上添加了一些内容,因为它允许提供帮助,而第二种没有,仅仅是消除了障碍。如果我对这一章节的理解正确,那么现在就将这些意见适用于这些例子[53],文献在此对一个在摔角中杀死了另一个人的人免予惩罚,并附加了理由,即伤害不是故意的。因此被给予的许可是第一种形式,即免除处罚,但我在任何地方都找不到法律规定了在决斗中给予第二种或第三种形式的许可。然而,如果万民法禁止这种决斗,则没有发现市民法会免除处罚的反例;市民法上要对杀人处以刑罚,被处罚的行为必须是故意行为;因此,当此处行为欠缺故意时,市民法如上所说免除了处罚。从这个讨论中,我们推断出哪些法律禁止这类决斗,哪些法律又允许。

第175节　什么原因导致决斗被允许,以及导致决斗被禁止?

在主题的第四部分中,提出什么样的原因导致决斗被允许,以及导致决斗被禁止,我们必须考虑什么法律禁止,而什么法律允许宣誓断案的决斗。在宣誓断案一词的通行用法上,它可以恰当且严格地被称之为"决斗"。我认为决斗被神法、万民法和实定法禁止。教会法也不例外。作为普遍规则的市民法也禁止;然而,决斗在一些特定的案子中被《伦巴第法》所允许,就如我将在下面的讨论中展示的那样。

神法是怎样禁止宣誓断案的决斗

神法禁止这种决斗证明如下：一种行为若是对上帝的试探则被神法禁止。而这种决斗便是如此。因此，其应当被禁止。大前提由戒律证明，即"不可试探主，你的神"。小前提被如下证明：当任何违背自然的情况出现，而又不可能是主所要求的神迹，便是对上帝的试探，正如宣誓断案的决斗。一个更强大且更具技巧的人征服一个较为弱小且不熟练的人，这是自然而然的事，而相反的事是不可能在自然秩序下发生的。然而，有时正义站在弱小且不熟练的人的那边；通过决斗，他可能获得胜利，他的正义会得到宣扬。因此，上帝被引诱去创造一个奇迹。这一点因此被确证：由魔鬼的计谋所构造出的行为被神法禁止。这种决斗便是如此。因此，大前提得到了证明。上帝和恶魔绝无共同之处，白天与黑夜同样如此，小前提由以下记载得以证明。[54] 这由以下义理确证：使无辜之人受到惩罚的行为为神法所禁止。这种决斗便是如此，因此是被禁止的。至此，大前提得到证明。因为上帝不希望无辜的人受到惩罚。[55] 小前提由以下文献证明[56]，所以决斗被神法所禁止。

万民法是怎样禁止宣誓断案的决斗的？

其次，我说过这种决斗被万民法禁止。证明如下：一种行为与自然公正相悖，而万民法是在此基础上建立的，因此万民法禁止这种决斗。而宣誓断案的决斗就是如此的行为，因此被禁止。所以，大前提是清晰的。万民法的公正规定犯法者应受到惩罚，而无辜的人应无罪开释。小前提得到证明。然而，在这种决斗中有时会出现相反的现象。因此万民法禁止这种决斗，它同样与教会法的戒律相悖。[57]

教会法是怎样禁止宣誓断案的决斗？

我说过它同样被教会法[58]禁止。既然教会法遵循神法的禁令和许可，那么在神法禁止某事的证明中给出的理由同样也是教会法禁止它的原因。这是确定无疑的。这也是市民法禁止它的理由。被实定法的惯例所排除的行为是被实定法所禁止的。大前提得到证明。如果一种惯例是由实定法颁布,那么它所排斥的行为就是被禁止的;一种规则适用于一类案型,那么相反的规则则适用于相反案型[59]。小前提得到了证明;因为实定法规定了诉讼,包括民事和刑事以及整个司法体系,并以此继续宣布当事人的权利[60];以便所有人可得到他应有的[61];但决斗完全排除了这些惯例。因此,这种决斗被实定法所禁止。这一点由以下义理可确证:会导致双方的权利被否定的行为为实定法所禁止;而这种决斗就是此种行为,故为实定法禁止。因为实定法是为此目的受神的许可经君王之口公布而形成的[62],故大前提由此得以证明。再者,在决斗中,有时会发生无辜者因战败而受到错误处罚的情况;以及有时发生有罪者胜战,而造成对挑战者不公的局面。通过此讨论可得出结论如下,这种决斗的对象为诉讼中宣誓断案一方的,实定法禁止这种决斗;教会法无例外地禁止这种决斗;作为普遍规则的市民法也禁止这种决斗。

作为普遍规则的市民法如何禁止使用宣誓断案的决斗?

我也说过,作为一项基本规则,宣誓断案的决斗被市民法所禁止。然而,在《弗雷德里克法典》中的〈维护和平与破坏和平法〉所述的两种案件中,可以使用此种决斗。一种案件是,如果某人在和平时期杀害了另一个人,且杀害行为确凿无疑,那么除非杀人犯愿意通过决斗证明自己是正当防卫并且该案为被告选择决斗的特殊案件,否则其将因破坏和平而被处以死刑。另一种案件是,某人在和平时期伤害了另一个人,除非他愿意证明自己是正当防卫而伤人,否则将受到处罚。这两种案件均在〈维护和平与破坏和平法〉中有所描述,第一种案件见于该法"和平时期任何人"一节,第二种案件则见于同一部法律"其他人"一节。但是,正如我在下文所述,《伦巴第法》在其他案件中也允许使

用此决斗。本文第三大部分总结了哪些法引入了决斗,哪些法中禁止
决斗,以及决斗的种类并加以区分。因此,从以上不难看出第四部分
所述内容,即为什么允许使用或不许使用决斗。所有法律都禁止使用
第一种决斗,理由如上所述。因此涉及第二种及第三种决斗时,我在
主题几个部分的讨论中压缩了一些内容。

第 176 节　在何种情况下允许使用宣誓断案的决斗?

我们必须考察第五大部分,也就是在何种情况下可以使用决斗。
就第一种类型而言,我已经论证了在任何案件中都不允许使用。而对
于第二种类型,我曾说过在某些案件中可以使用。但现在我们必须考
虑第三种类型,因为《伦巴第法》在某些案件中允许使用第三种决斗,
在剩下的文章中将单独对第三种类型的决斗进行阐述。

在二十种案件中,《伦巴第法》如何允许进行宣誓断案的决斗?

我们必须问,除了上述两种情况(即《弗里德里克法典》中〈维护和
平与破坏和平法〉中规定的情况)以外,在何时可以进行该种决斗? 答
案:第一种情况,依据《关于叛逆罪的尤利亚法》,如果一人控告另一个
人叛逆,则在该诉讼中可以使用决斗。[63]第二种情况,如果妻子被指控
杀害其夫,可以使用决斗。[64]第三种情况,"敲诈"的犯罪行为,如果一
个人诉称另一个人"敲诈"他时,可以采用。[65]第四种情况,休战时期发
生的杀人案件的审判中可以采用。[66]第五种情况,盗窃杀人案件中可
以采用。[67]第六种情况,杀尊亲案件中,如果被告辩称无意获取受害人
的财产的,可采用这种决斗。[68]第七种情况,在由奴隶实施的偷窃案
件,如奴隶主否认其奴隶犯了偷窃罪的[69],可采用这种决斗。也有人
认为这是依据《康瓦尔克斯亚娜法》。第八种情况,在通奸罪案件中,
如某人被控与他人妻子通奸时[70],可采用决斗。第九种情况,如果某
人指控一位妇女犯有通奸行为,并且想通过决斗证明这一指控。[71]第

十种情况,如果有人指控某人非法占有动产或不动产三十年[72],可以采用决斗。第十一种情况,在相互冲突的证人之间[73],若证人被诉讼两方当事人传唤,则允许存在;若由一方当事人传唤,则不允许决斗。无论是在原告以此证明其案件并使得被告获罪,还是在原告并没有证明其案件,而被告被判无罪的案件中,皆同。但如果他们被两方当事人传唤,并且在其他方面双方都是平等的,则需进行决斗。第十二种情况,要求父债子偿,但儿子予以否认的案件。[74]该法真正所指对象为由不法行为所产生的债务。第十三种情况,纵火案件,如果诉讼是针对犯罪行为人[75],可以采用决斗。若诉讼是针对从犯的,则不进行决斗[76]。第十四种情况,丈夫控诉其妻子为奸妇的通奸案件[77]。第十五种情况,丈夫怀疑他人与其妻有不当行为的案件。法律所称的不当行为是指性行为。[78]第十六种情况,伪证案件。[79]第十七种情况,因"授职"引发的决斗,即有人称他先是被授职,但最终却被剥夺职位的,而他人也持同样说辞的。[80]第十八种情况,侵吞存款案,存入的超过 20 沙里第金币被侵吞的案件中可以采用决斗。[81]第十九种情况,以暴力方式强行索取特许状的案件。[82]第十二种情况,也是最后一种情况,因主张奴隶的自由所作的决斗。[83]有人说这部法是《康瓦尔克斯亚娜法》。

第 177 节 哪些人可作决斗?

我们必须考虑的第六大部分,也就是决斗可在哪些人之间进行?

主犯之间一般如何进行宣誓断案的决斗?

我认为,《伦巴第法》允许在上述案件中采用决斗,规则是应在主犯中进行决斗。但此规则有八个例外。第一,有青少年的,禁止决斗。第二,老弱病残禁止决斗。第三,一方因体弱多病无法决斗。这三种情况在《伦巴第法》中均有列明。[84]第四,处于役权准占有之下的奴隶主张自由,然后其主人以决斗者身份进行决斗的。[85]第五,决斗一方为神职人员的,例如:有教士或伯爵相互控告对方,或控告其他人,并以决斗者身份进行决斗的。[86]第六,女人被指控犯了通奸罪的。[87]第七,原告的证人与被告的证人有冲突的,则原告的证人应选择一个决斗者,而被告的证人则选择另一个决斗者。[88]第八,奴隶被指控犯了偷窃罪的。[89]然而,时至今日,允许任何一方拥有决斗者已成为习俗。

第178节　决斗如何进行?

我们必须考虑第七大部分,也就是,如何进行决斗。

如何效仿对抗式的审判进行宣誓断案的决斗。

在此,我假定决斗的进行效仿了一个对抗式的审判,就像审判一样有原告、被告、法官以及支撑案件的工具,广义的工具包括支撑此案件的所有东西[90];真相中被揭示,以便确定的判决能被宣布。因此在决斗中存在原告和被告,即挑战者和被挑战者,以及法官和“工具”即双方相互攻击的武器。正如在审判中,一方通过目击证人、文件和自认来证明对方有罪。[91]而在决斗中以身体为武器证明对方有罪;并且就像在审判中,如果罪证确凿,一方将被判有罪一样,在决斗中,一方将以类似的方式被判有罪。因此,通过类比对抗式的审判,我们必须以决斗的方式检验该审判。

第179节　在决斗中可否进行“不欺诈宣誓”,由谁进行宣誓?

第一个问题,是否应该进行“不欺诈”宣誓? 由谁进行宣誓? 是由挑战者和被挑战者一起宣誓,还是其中之一进行? 现在,在这类审判中的“不欺诈宣誓”的性质与在市民法法庭或教会法法庭上的对抗式审判中所使用的“诚实誓言宣誓”一样。看来,两者都应宣誓。因为在对抗式审判中,原告和被告双方都要作出"诚实誓言宣誓"[92]。因此,这里也应遵循相同方式,因为相同事由,法律应作相同处理[93]。答案:如果我们注意到《伦巴第法》,会发现其中关于这一点歧见纷呈。第一种意见据说是曼图亚人的观点,他们认为在通过决斗进行的审判中双方(即原告和被告双方)都应进行"不欺诈"宣誓;依照他们的观点,应该修改所有关于不用进行"不欺诈宣誓"的法律[94]。但该法有四种可能的含义。第一种含义是有关相互冲突的两位证人之间,最好进行决斗而不是让他们发假誓作伪证。第二种含义是两人都主张对某物拥有占有的,他们之间应进行决斗而不是放弃占有。第三种含义是,指控他人犯了盗窃罪的案件中,一方对针对另一方犯偷窃罪的指控发誓,而另一方发出内容正相反对的誓言。第四种,诉讼两造在法官面前争讼,一方已发誓,而另一方想发内容正相反对的誓言。由于法律没有要求被告发誓,也就是说只需要原告宣誓,因此他们的观点似乎不会被赞同。[95]因证人的冲突而进行决斗的情况,是个例外。[96]第二种意见是卡洛鲁斯·波纳文图拉的观点,他想要区分下述两种情况,一种是自己完全为自己的诉讼而进行的决斗,另一种是案件直接涉及他人,或主要涉及他人,而自己只是附带被涉及,在这种情形下进行的决斗。在第一种案件中,如控告他人偷窃或对其纵火,或者与其妻子通奸的,原告所说的话对于记录如下情况非常重要,即挑战者是否表达"你确曾作过"或者"我怀疑你确曾作过"。在第一种情况中,原告应该发誓这就是事实。在第二种情况中,原告应该发誓说明他有合理的怀疑;在出于怀疑而发出挑战时,他应该举出其怀疑的理由;比如说,他看见该男人与其妻子交谈等等。但如果一个人向另一人发出决斗的挑战是因为涉及他人的案件——亦即并不是针对他自己,而是针对他人的犯罪指控,比如,一人指控他人通敌而发出决斗挑战——那么,当他以证人身份出庭时,应该像证人一样宣誓,表明其所说的都是事实。[97]并且,他主张被告应该发誓主张事实并非如此。正如我以上所述,就涉及被告的宣誓而言,这个观点不被认可。第三种观点据说出自帕比恩西斯兄弟,他们认为被告和被挑战者都不应宣誓,只有原告需要宣誓。关于原告应宣誓,在《伦巴第法》中已经记载。[98]关于被告,证明如下:被告不得不二选一,要么进行决斗,要么他拒绝决斗,则将被判有罪。因此对被告方而言,宣誓没有作用,所以应该省去这种多余的做法。[99]第四种观点,阿尔伯图斯认为除了叛国罪指控、证人有冲突的案件,以及关于地产封授问题的案件外,原告都要宣誓。就被告而言,他同意别人的观点,但不同意帕比恩西斯兄弟的观点。我认为,除了以上所述案件之外,原告应该进行宣誓是一般规则,这一观点是正确的。因为被告可能被迫证明自己无罪,尽管还没有做出不利于他的判决;然而法律的确要求表明至少他是"名声不好",所以如果他没能证明自己无罪,他就应对断案宣誓负责[100]。因此,根据《伦巴第法》(该法允许在上述例举案件中使用决斗),至少对原告方而言应该先行发誓;并且誓言应该遵照挑战的条规发出,因此,如果挑战断言某个事实,则他应该针对该事实发誓;如果挑战断言某个怀疑,则他应该针对该怀疑发誓。正如卡洛鲁斯所说,"诚实誓言宣誓"与"真相宣誓"是不同的,一个断言信念,一个断言事实。但对于被告,我想不出任何理由来支持宣誓的必要性。

第180节　在法律允许决斗的案件中,一方有代为决斗者时,另一方可否也有代为决斗者?

　　第二个问题是,在上述所列举的《伦巴第法》许可采用决斗的八种案件中,当一方拥有代为决斗者时,另一方是否也可有代为决斗者。回答是:关于这个问题有很多不同的观点。有些权威认为另一方可以拥有,他们的依据是《伦巴第法》。[101]但奴隶与其主人之间的争讼案件除外。第二种观点认为，另一方不可拥有代为决斗者。理由是：法律在三种案件中允许有代为决斗者；因此法律不允许在其他案件中出现代为决斗者[102]。我认为必须注意到，通过决斗进行的这种审判不同于对抗式审判。在对抗式审判中，一方当事人通常由第三方作代表，由此引入"诉讼代理人"这一用法[103]；但是在决斗中，一方当事人通常以个人身份出现，并且此决斗与刑事审判类似，在刑事审判中没有"诉讼代理人"为案件作辩护[104]。理由是：有罪判决不能向诉讼代理人宣布，因为他是无辜的；也不能宣布主犯有罪，因为他不在场[105]。在决斗中也是全然相同的；决斗双方相互攻击，直至将对方打翻在地，以此得出事实真相。作为一项规则，除了经允许的案件，其他案件不得出现代为决斗者。在一方有权拥有代为斗争者而另一方无权拥有代为决斗者的案件中，则前者可单独拥有一名代为决斗者。但如果双方均有权拥有代为决斗者，则双方均可拥有代为决斗者，只要我们为了维护双方之间的平等公正，那么在任何情况下只要一方允许有代为决斗者，另一方就可有代为决斗者[106]。后者的观点更为公平；但前者的观点注意到了法律的严密性，更为准确。

第181节 若双方均有权拥有代为决斗者，那么在案件中如何给予并指派决斗者？

第三个问题，若双方均有权拥有代为决斗者，那么在案件中如何给予并指派决斗者？解决方法：在此我发现在决斗审判中的决斗者就像在对抗式审判中的辩护律师，因此我推定就像在对抗式审判中应公平地指派辩护律师一样，[107]因此，当双方均有权拥有决斗者时，也应公平地为双方指派决斗者。但若由当事人进行决斗，则不考虑公平与否，因为他们以自己的人身力量来了结其案件。

第 182 节　是否任何人都可成为代为决斗者？

第四个问题，是否任何人都可成为代为决斗者？答案是：正如上述所言，在此代为决斗者就像辩护律师；除非是被禁止的人群，任何人均被允许充当辩护人[108]；同样，除非是被法律取消资格，否则任何人都被允许从事代为决斗的业务。但窃贼没有资格[109]。理由是：他是"声名狼藉之人"[110]；并且如果他败诉，则可以认为是由于他自己恶迹斑斑的过往导致的败诉；因此，基于同样的理由，其他被判重罪的人都被没有资格代为决斗。

第 183 节　谁可以选择决斗？

第五个问题，谁可以选择决斗？答案是：作为一项规则，类似于对抗式审判，原告具有选择权。[111]但叛国罪指控是个例外，在这种案件中原告要被迫进行决斗；有人曾用"arga"一词来指代这种情况[112]。

第 184 节　如何安排决斗？

第六个问题是如何安排决斗？回答是：法律并未对此作出规定，但惯例有规定，即应在市内或市外选择一处小却够用的地方；并且应该用绳子将地方圈围起来，以便在下达命令后，除了决斗者可入内，他人不得入内，也不得妨碍决斗进行，因为这样会让一方分心。此外，法官会在一个可以看见双方参战者的地方，关注双方动态，以便在最后他能宣布是哪一方输掉了决斗。

第 185 节　在决斗中可使用何种武器？

第七个问题，在决斗中可使用哪些武器？答案是：在《伦巴第法》中允许使用盾牌和棍棒[113]；而且武器应该是相同且由法官提供的。

第186节 如果决斗一方的武器或棍棒断了或者掉了,是否应该给他别的武器或棍棒?

第八个问题,如果决斗一方的武器或棍棒断了或者掉了,是否应该给他别的武器或棍棒?似乎应该给他们。因为文献记载的是可用棍棒和盾牌进行决斗[114];如果不给别的武器,那就不能用棍棒进行决斗,因此就称不上是用棍棒决斗。这一点是可以确定的。棍棒在决斗中的作用就像证人和证据在对抗式审判中的作用;但在对抗式审判中,若在证据开示和制作证人证言笔录之前,其中的某些证据丢失,可再次传唤证人和提交证据[115]。有的专家同意在武器破损的情况下给他别的武器,但若武器掉落则不给;他们说一方厄运可归结于他方的幸运。有的人则认为,在任何情况下都不可给予新的武器,那么任何厄运也是幸运。还有的人说,这取决于风俗习惯。我认为第二种观点是可靠的;也就是说,无论第一次给的武器掉落还是破损,都不该给其他武器,除非是习惯规定了相反的作法[116]。理由是:正如我在本篇论文开篇时所述,在决斗中,有时我们会寻求与自然相反的东西,也就是,较弱且较不活跃的一方应该打败较强且较为活跃的一方;而且在机缘巧合时这种情况也时有发生。因此,决斗的任何一方都应该服从偶然性,坦然地将自己曝露在偶然性面前;否则,宣誓断案的决斗的特点将会丧失。这是可以确定的。如果旧武器掉落了,还可以给他们新武器,那么基于相同的理由就可以说,决斗者如果被打败了也可以再站起来再来,这是荒谬之谈。机缘巧合,有时出现更强者败北,也是上帝判决的表现。

第187节 哪一方的决斗者可先出击?

第九个问题,在决斗中谁可以先出击?似乎应该由挑战者先出击;正如我在之前的讨论中经常提到的,通过决斗进行的审判就像一个对抗式审判。但在对抗式审判中,原告先向被告提出"谤告",然后被告再作出答复。[117]因此,基于相同的理由,挑战者可先向被挑战者出击。另一方面,有人争议说被告应有更多的优待。[118]答案是:我认为第一个观点是可靠的,尽管引用的法律相反,因为若只存在最后的判决时,那些法律都指向同一审判的结果;因此认为被告应享有优待的观点是正确的。不过一开始原告是被优待的。[119]否则,我们可能会说在决斗中看不到任何秩序,但决斗者可以互相攻击,甚至还可以同时攻击。

第 188 节　决斗在第一天没有胜负的,可否在第二天继续分出胜负?

第十个问题,如果决斗在第一天无法分出胜负的,可否延期到第二天。答案:我觉得可以;因为我认为在分出胜负之前可一直进行决斗。

第 189 节　决斗中的失败者会否被判支付费用?

第十一个问题,决斗中的失败者是否会被判支付他对手为决斗花费的费用? 答案是:类比对抗式审判,在对抗式审判中,败诉者应支付胜诉者的律师费;所以,在决斗中我们可以说:"赢家通吃",故而决斗失败者应支付对方为决斗花费的费用[120]。

第 190 节　若挑战者在决斗中战败的,他会不会受到报复?

第十二个问题,若挑战者在决斗中战败的,他会不会受到报复?答案是:类比刑事对抗式审判,如果提告人败诉的,其将受到报复。[121]因此,当决斗是为了在公众面前自证清白,提起控告之人在决斗中失败将受到报复惩罚。

第191节　因受到控告而进行决斗并在决斗中落败而被判有罪的人，是否会在对抗式审判中被以同一罪名指控？

第十三个问题，因受到控告而进行决斗并在决斗中落败而被判有罪的人，是否会在对抗式审判中被以同一罪名受到指控？答案是：可能会在对抗式审判中以同一罪名指控，因为市民法不仅不赞成，反而坚决反对进行宣誓断案的决斗[122]；正如我在论文开篇中经常提到的。"不为法律所赞同"一词排除了司法讨论，因此没有反对意见认为一个人的犯罪行为不得被调查超过一次。[123]因为那些法律都指向之前进行过司法检查和讨论的案件，因此我们可以得出结论，通过决斗而被无罪开释者，不会被给予"已决案抗辩"，以对抗想在对抗式审判中对其提出诉讼者。这是正确的，除非该地区的惯例与此相反，因此，例如伦巴第法律应被遵守，它的处置方法我已经阐述过了；而且前列问题的答案也相应地得到限定。

第192节　因公开起诉而向他人发起决斗挑战的人退出决斗，是否会受到丧失名誉的惩罚？

第十四个问题，因公开起诉而向他人发起决斗挑战的人退出决斗的，是否会招致丧失名誉的惩罚。类比刑事对抗式审判，似乎他会受到该惩罚。[124]答案是：参见上述内容，在普通法中并不产生该问题，因为普通法不赞同这种审判形式。但根据允许这种审判形式的法律，我们要说，基于同等的理由，此人应受到惩罚；而且我认为这与法官的自由裁量权有关，因为法律是沉默的[125]。不过，我并不认为他会受到丧失名誉的惩罚。[126]正如我说过的，这些结论来自《伦巴第法》中。而在普通法中，退出决斗者不会受到惩罚；更确切地说，他退出决斗是遵守法律，而继续决斗则是违法的。

第193节　按照《伦巴第法》向他人发起决斗挑战的,可否经法官许可退出决斗?

第十五个问题,按照《伦巴第法》向他人发起决斗挑战的,可否经法官许可退出决斗? 类比检察官要求撤诉的案情,他可以退出决斗。[127]答案:这一点在普通法中很明确,他可以不经撤诉而退出决斗,并且他的确有权退出决斗。在《伦巴第法》中也一样,类比前述检察官撤诉情形,我认为法官有充分的理由允许该行为。

第194节　向他人发起决斗挑战的,可否在争点达成前不受惩罚地退出决斗? 在决斗中,何时可以共同提出退出决斗?

第十六个问题,向他人发起决斗挑战的,可否在争点达成前不受惩罚地退出决斗? 在此我还想问在决斗中争点达成的时间点是否与在对抗式审判中的一致? 似乎他可以在该时间之前退出决斗却不受惩罚。在争点达成之前,一方不可说“提出诉讼”,但可以说“准备提出诉讼”。[128]因此,在那个时间之前他可以退出。可以确定的是,在争点达成之前,可以原谅一方退出。[129]但《论丧失名誉》[130]反对此观点,该文认为在争点达成之前撤回诉讼的需承担丧失名誉的惩罚[131]。我的回答是:这个问题将另一个问题的结论预设为了前提,即在通过决斗进行的审判中,什么是与在对抗式审判相应的争点确定的时间? 这似乎应发生在原告与被告各进行一轮攻击之后,因为在对抗式审判中,争点应由原告和被告共同提出。但在决斗中,第一轮攻击取代了起诉的位置;第二轮则是由被告采取的防卫措施;此后争点就可以确定。然而我认为,正确的观点是,当一方发出挑战,断言另一方确犯有罪行,而另一方否认的时候,争点便已经达成。显然,这个观点是正确的。在争点达成后,须作出“诚实誓言”。[132]正如我上述所言,决斗中的战斗者在口头挑战和反驳后发出“不欺诈”誓言。因此,决斗始于口头声明，但在争点达成之后的攻击就是证人和证据所作出的证明[133]。因此我们必须改变问题的解决方式，这个问题是我曾提出的谁应该先出击。如果我们接受此解决方法，那么主要问题就变为在争点达成之前退出决斗是否适用丧失名誉的惩罚。而注释法学派的意见是相互矛盾的。一个是由胡果里努斯[134]提出的，他认为丧失名誉惩罚并不适用。另一个由阿佐[135]提出，他认为该惩罚适用[136]，我赞同这个观点。但佩特鲁斯认为，在传唤会后，被告出现之前，原告可以改变自己的想法；他是这么理解[137]的。说到《伦巴第法》，正如上述所言，我们可能以类似方式获得前一个问题的解决方案。感谢上帝！

这篇有关战争的论文于1360年由来自属于米兰城的莱尼亚诺的乔瓦尼、博洛尼亚大学的教会法和民法博士中年资最浅的那位写就。当时正值一支强大的军队兵临城下，这也成为了激发我写作此文的原因。此事也为学生提供了练习的素材，但要呈递给博士们以便进行导正。感谢上帝，阿门！

注释

1. De iustit. et iure, 1. *ut vim*; C. Vnde vi, 1. i; De vi et vi arm., 1. i, § *vim vi*; Ad leg. Aquil., 1. *scientiam*, § *qui cum aliter*; De restit. spoliat., ch. *olim*, i; and Clemen., De homicidio, *si furiosus*.

2. Instit., De donat., § *est et aliud*; xvi, q. i, *si cupis*; dist. xxi, *cleros*; De praebend., *cum secundum*.

3. Instit., De obligationibus.

4. C. De iudic., 1. rem non novam, § *patroni*; and the same title, 1. *properandum*; and De verbor. significatione, ch. forus.

5. Ad leg. Aquil., 1. *hac actione*, § *si quis in colluctatione*; C. book xi, De glad, toll., the single law; C. De re iudic., 1. *commodis*; De his qui not. infam., 1. *athletce*; C. De athletis, 1. i; C. Quae res pign. obi. poss., 1. *spem*;

De dona., 1. *donationes*. Note the gloss on Instit., De haeredit. quae intest, defer., § *interdum*.

6. De clericis pugnantibus in duello.

7. De torneam., throughout.

8. Ad leg. Aquiliam, 1. *hac actione*, § *si quis in colluctatione*.

9. De cler. pugn. in duello; De purga. Vulgari, throughout; ii, q. v, the whole question.

10. the gloss notes on dist. i, *ius naturale*; and ff. De iustit. et iure, 1. i, § *ius autem naturale*.

11. see the canon quoted, *ius naturale*.

12. see the canon quoted, *ius naturale*.

13. Ad leg. Corn, de sicar., 1. nihil; C. the same title, 1. *si quis notandi*; dist. i, *studeat*; and can. *si quis viduam*; De homicidio, *de cetero*, and ch. *presbyterum*.

14. C. Ad leg. Falc., the last law; Ad leg. Aquil., 1. *illud*; De fonte, 1. i; De constit., *translato*; and De translat. episcoporum, ch. *inter corporalia*.

15. De servis expor., l. *si servus*, at the end; C. De neg. Gest., l. *Officio*, and the gloss here.

16. Judges, ch. xi; xxii, q. iv, *unusquisque*; xxiii, q. v, *si non licet*.

17. Judges, ch. xvi; xxiii, q. v, *si non licet*.

18. De Civitate Dei, quoted in xxiii, q. v, ch. *si non licet*.

19. Deuteronomy, ch. v.

20. De homicid. volunt., dist. i, throughout; xxiii, q. v, *si non licet*.

21. Ad leg. Corn. de sicar.; and C. the same title, throughout.

22. xxiii, q. iv, *De Tyriis*; and ch. *Nabuchodonosor*; and De Pœnit., dist. Ii, ch. *sicut enim*; and Aristotle, Ethics, iii.

23. xxiii, q, iv, ch. *Nabuchodonosor*.

24. De anima, iii.

25. De iustit. et iure,. 1. *ius civile*.

26. De publ. et vecti,. l. *licitatio*; Ad leg. Aquil., 1. *ita wlneratus*, at the

end; De fideiuss. , 1. *si a reo*; De sent, excom. , *ut famœ*.

27. De furtis, 1. *verum*, and l. *qui iniuriœ*; De[fal.] furtis, 1. *qui ea mente*; xv, q. vi, ch. i; xiv, q. v, *quidquid*; De sent, excom. , *cum voluntate*.

28. De iustit. et iure, 1. ius civile; and dist. i, can. *ius naturale*.

29. C. book xi, De gladiat, the single law.

30. Ad leg. Aquiliam, 1. [*hac*] *qua actione*, § *si quis in colluciatione*.

31. De ritu nupt. , *si quis in senatorio*; De iure fisci, 1. *non intelligitur*, § *si quis palam*; De iudiciis, 1. *cum furiosus*.

32. C. book xi, De spectacul. et scaenic. et lenon, the whole title, except the last law; and C. De expen. ludor. , single law; a Greek constitution.

33. De sponsal. , 1. *oratio*; De fideius. , 1. *cum lex*; C. De usuris, 1. *eoss*, at the end; C. De usuris rei iudic. , the last law, at the end; De pet. haered. , 1. *sed si lege*, § *item veniunt*; De mino. , 1. iii, § *sed utrum*.

34. De Pœnit. , dist, ii, *caritas est*, and ch. e*rgo*, and the first part of "distinctio" throughout.

35. De Pcenit. , dist. ii, ch. *proximos*.

36. De iustit. et iure, 1. i, § *ius naturale*; and the same title, 1. *ex hoc iure*.

37. De usuris, 1. *in pecudum*.

38. De his qui sunt sui vel alien, iuns, 1. i; Instit. , the same title, at the beginning; dist. xxxii, *hospitiolum*.

39. De condic. indebiti, 1. *nam hoc*; and Sext, De regul. iur. , rule *locupletari*.

40. Decreta; iv, at the beginning.

41. De iustit. et iure, 1. *ex hoc iure*; and De captivis, 1. *hostes*.

42. Ad leg. Aquil. , 1. *hac actione*, § *si quis in colluctatione sive in pancratio*.

43. C. book xi, De gladiat.

44. De legibus, 1. *non est novum*.

45. C. book xi, De spectac. , the whole title, except l. *lenones*; and C. the same book, De expen. *ludorum*, throughout.

46. C. book xi, De gladiat.

47. Ad leg. Aquiliam, 1. hac actione, § si quis in colluctatione.

48. De iustit. et iure, l. *ius civile*.

49. § *si quis in colluctatione*.

50. dist. iv, *denique*.

51. dist. xlv, *qui sincera*.

52. De iudic. , ch. *cum non ab homine*; De crim. falsi, ch. *ad falsariorum*; and De verb, significatione, ch. *novimus*.

53. § *si quis in colluctatione*.

54. ii, q. v, ch. *Mennam*; and ch. *consuluisti*, in the same cause and question.

55. xxii, q. ii, ch. *quæritur*.

56. De purg. Vulgari, ch. *significantibus*.

57. "quod tibi non ius", at the beginning of the Decreta.

58. De purg. vulg. , throughout; De pugnan. , throughout; ii, q. v, from ch. *consuluisti* to the end of the question.

59. De his qui sunt suivel al. iur. , l. i; Instit. , the same title, at the beginning; dist. xxxii, *hospitiolum*.

60. C. De iudiciis, 1. *properandum*; Authentics, offeratur; C. De litis contest. , the single law; C. De sentent. et interloc. omn. Iudic. , l. *prolatam*; and De *probationibus*, ch. *quoniam contra*.

61. xii, q. ii, *cum devotissimam*; De iustit. et iure, 1. *iustitia*; and Instit. , the same title, § *iustitia*.

62. C. De long, tempo, praescript. , the last law; dist. viii, *quo iure*; xvi, q. i, *placuit*.

63. Lombarda, De publicis criminibus, l. *si quis*, the last law.

64. Lombarda, De consilio mortis, l. *si mulier*, the last law.

65. Lombarda, De conviciis, l. *si quis alium*.

66. Lombarda, De homicidio, l. *qui intra treugam*.

67. Lombarda, De homicidio, l. *liber homo*.

68. Lombarda, De parricidio, the laste law, at the end.

69. Lombarda, De furtis, 1. *si quis alium*.

70. Lombarda, De adulterio. 1. iii.

71. Lombarda, De iniur. mulier., 1. ii, *si quis puellam*.

72. Lombarda, De praescript., 1. *si quis alium*.

73. Lombarda, De testi., 1. *si quis cum altero*.

74. Lombarda, Qualiter quis se defendat, et in quibus casibus pugnaprohiberi vel fieri debeat, 1. *si quis post mortem*.

75. Lombarda, Qualiter quis se defen, etc., 1. *si quis alium*.

76. Lombarda, De consiliis illicitis, the single law, at the end.

77. Lombarda, Qualiter quis se defendat, etc., 1. *si quis uxorem*.

78. Lombarda, Qualiter quis se defendat, etc., l. *si quis amodo*.

79. Lombarda, Qualiter quis se defendat. etc., 1. *de furto*.

80. 1. *de investitura*.

81. 1. *si quis pro se*.

82. Lombarda, Qualiter quis se defendat, etc., 1. *si quis dixit*.

83. 1. *si servus*.

84. Qualiter quis se defendat, etc., 1. *quacunque lege*; De parricidio, the last law.

85. Lombarda, Qualiter quis se defendat, etc., 1. *si quis servum propter appetitum*.

86. Lombarda, Qualiter quis se defendat, the last law.

87. Lombarda, the same title, 1. *si quis uxorem*.

88. Lombarda, the same title, l. *si quis cum altero*.

89. Lombarda, De furtis, l. *si servus, dum de furto*.

90. De fide instrum., 1. i.

91. De restit. spol., *cum ad sedem*.

92. C. De iur. Calumn., 1. i, and 1. ii; and Authentics, the same title, *principales*; Extra., the same title, throughout.

93. Ad leg. Aquil., 1. *illud*; C. Ad leg. Falc., the last law; De constitute., *translato*.

94. Lombarda, Qualiter quis se defendat, 1, *mentio*.

95. Lombarda, Qualiter quis se defendat, l. *si quis alium astu*.

96. Lombarda, De testi the last law; and Qualiterquis se defendat, 1. s, *quis cum alio*.

97. C. De testi. , 1. *iurisiurandi*; De testi. , ch. tuis, and ch. *cum nuntius*; and similar passage.

98. Lombarda, Qualiter quis se defendat, l. *si quis astu*.

99. C. De appel. , 1. *ampliorem*, § *in refutatoriis*; De procaratoribus, 1.*non cogendum*, § *Sabinus*.

100. De purgat. Canon. , throughout; ii, q. iv, ; De accusat, qualiterii.

101. Lombarda, Qualiter quis se defendat, 1. *quicunque.*

102. De legi. , 1. *ius sinbuulare*; Ad municip, 1.i; Solut. matrimon. , 1. *si cum dotem*; C. De procur. , 1.*maritus*; De translatione praelatorum, ch. *inter corporalia*; and similar passage.

103. De procurat, 1.i, [and l.] § *usus*.

104. De public, iudic. , the penultimate law, § *qui ad crimen*; and De procurat. , 1. *servum quoque*, § *publice*; and De accusationibus, ch. *licet*, and ch. *veniens*.

105. De pœnis, 1. *absentem.*

106. C. De fruct. et lit. expensis, 1. *terminato*; De mutuis petit. , ch. i, and throughout the title; Sext, De regul. iur. , rule *non licet*.

107. C. De postul. , 1. *providendum*.

108. De postul. , 1. i.

109. Lombarda, Qualiter quis se defendat, 1.*si ut campionem.*

110. De furt. , 1. *non potest*.

111. Lombarda, Qualiter quis se defendat, 1. *si quis amodo*.

112. Lombarda, De publicis criminibus, the last law; and Lombarda, De iniur. mulier. , 1. ii.

113. Lombarda, De testi. , 1. *si quis cum altero*; and Qualiter quis se defendat. 1. *mentio.*

114. Lombarda, Qualiter quis se defendat, 1. *mentio*; and Lombarda, De testi., 1. *si quis cum altero*.

115. Authentics, De testi., § *si vero*; De testi., *fraternitatis*; and Clemen., the same title, *testibus*.

116. De legi., 1. de quibus; C. Quae sit long. consue., 1. ii; dist. xi, *consuetudinis*; dist. i, *consuetudo*.

117. C. De lit. contestat., in Authentics, *offeratur*; and De libel, oblatione, ch. i.

118. De obi. et act., 1. *Arrianus*; De regul. iur., rule *favorabiliores*; Sext, the same title, rule *in pœnis*.

119. De iudic., l. si quis intentione ambigua; and De verb, obligationibus, 1. inler stipulantem.

120. C. De iudiciis, 1. *properandum*, § *sin autem*; C. De fruct. et lit. expens., 1. *terminato*; De dolo et contum., ch. *finem*; De pcenis, ch. *calumniam*.

121. De accus., ch. *super his*; the same title, ch. *licet*; and C. De accusat., the last law.

122. C. book xi, De glad., the single law; and so does the canon law; De pugnant. in duello; and De purg. vulg., throughout.

123. Naut. caup. Stabul., 1. *licet*, at the end; and De accusat., ch. *de his*.

124. Ad Turpilianum, 1. i, § *si quis autem*.

125. De offic. iudicis delegat., ch. *de causis*, at the end; De iur. Delib., 1. i.

126. De lib. et posth., 1. *cum quidam*; and dist. i, De Pœnit, § *pœnœ*; Sext, De reg. iuris, rule *in pœnis*.

127. Ad Turpil., 1. *abolitio*, and 1. *si quis interveniente*, and 1. *Domitianus*; C. De abolit., throughout.

128. Rat. rem haberi, 1. *amplius*.

129. De in ius vocando, 1. quamvis. C. De adulter., 1. *sine metu*; the same title, 1. *miles*, § *socer*; and Ad Turpilianum, 1. *quœsitum*.

130. Ad Turpilianum, l. *in senatus*, § *qui post*.

131. C. De iudiciis, 1. *rem non novam*, § *patroni*: C. De litis contestat.,
Authentics, *offeratur*; and Extra., the same title, the single chapter.

132. Authent., Vt litigantes iurent in exordio litis, at the beginning; and C.
De iureiurando propter calumniam, 1. ii.

133. Vt lite non contestata, throughout.

134. De adulteriis, 1. *si miles*, § *socer*.

135. C. Ad Turpilianum, 1. i.

136. Ad Turpilianum, 1. *in senatus*, § *qui post*; and C. Quomodo et quando
iudex; Authentics, *qui semel*.

137. Ad Turpilianum, 1. *qucesitum*.

人 名 索 引

A

（博洛尼亚的）阿佐（Azo of Bologna 1150?-1225?）——意大利法学家

阿尔伯图斯（·甘迪努斯）（Albertus Gandinus 1245-1310）——意大利刑法学家　195

阿尔伯图斯（·麦格努斯）（Albertus Magnus 1193?-1280）——又称"大阿尔伯特"（Albert the Great），德国哲学家、神学家、多明我会神父　48，49，56

阿瑞拉的雅各布斯（Jacobus de Arena?-1296）——意大利法学家　114，117，152，167

埃吉迪奥（·阿尔博诺兹）（Egidio Albornoz 1310?-1367）——西班牙红衣主教　2，3，10，11，19

艾吉迪乌斯（·罗马努斯）（Aegidius Romanus 1243?-1316）——意大利神学家和哲学家　86

安布罗斯（Ambrose 340?-397）——罗马天主教神职人员、米兰主教（374 至 397 年）、四大拉丁教父之一　81

奥古斯丁（Augustin 354-430）——早期基督教神学家、哲学家　1，30-33，51，52，80，90，95，183

H

J

K

康拉丁（Conradin 1252-1268）——霍亨斯陶芬王朝西西里国王、耶路撒冷国王（1254 至 1268 年在位） 63，83

克雷芒六世（Clement VI 1291?-1352）——）第 199 任罗马教皇（1342 至 1352 年在位） 18

克雷芒三世（Clement III 1130?-1191）——第 174 任罗马教皇（1187 至 1191 年在位） 73，92，94，95，105，111，112，179

克雷芒一世（Clement I ?-101?）——第 4 任罗马教皇（91？至 101 年？在位），也是基督教早期教会时代的使徒教父之一 51

库斯特拉提乌斯（Custratius of Nicca 1050?-1120）——中世纪哲学家 56

L

拉麦（Lamech）——《旧约·创世记》中的人物，该隐的子孙 145

拉文纳的雅各布斯（Jacobus of Ravenna ?-1178）——意大利法学家 104，109，110

兰迪伯爵（Count Landi）——又称兰多伯爵（Count Lando），原名康拉德·冯·兰道（Konrad von Landau, ?-1363），活跃于意大利中北部的德国军事冒险家和雇佣兵首领 75

雷蒙多（Raymond of Penyafort 1175?-1275）——西班牙教会法学家 98

列奥三世（Leo III 750?-816）——第 96 任罗马教皇（795 至 816 年在位） 83

路西法（Lucifer）——被逐出天堂前的魔鬼或者撒旦，见《以赛亚书》第 14 章第 12 节 3，23，24，26

M

N

T

托勒密，克劳狄乌斯（Ptolemy, Claudius 83?-168?）——古罗马数学家、天文学家　25，183

W

乌尔班六世（Urban VI 1318?-1389）——第 202 任罗马教皇（1378 至 1389 年在位）　2

乌尔班五世（Urban V 1310-1370）——第 200 任罗马教皇（1362 至 1370 年在位）　2

X

西塞罗，马库斯・图利乌斯（Cicero, Marcus Tullius 106-43 BC）——罗马共和国晚期政治家、作家、哲学家　49，53

Y

亚伯（Abel）——《旧约圣经》中的人物，人类最初的被害者　31

亚伯拉罕（Abraham）——以色列人的始祖　25

亚甲（Agag）——《旧约・撒母耳记上》中的亚玛力王　34

亚里士多德（Aristotle 384-322 BC）——古希腊哲学家　2，24，27，28，30，31，34，35，38，39，45，47-49，53，55-58，60，88，91，183，184，187，188

亚历山大一世（Alexander I of Alexandria ?-326）——第 13 任亚历山大总主教（313 至 326 年在位）　27

亚拿尼亚（Ananias）——《新约圣经》中的人物　33

耶和华（Jehovah）——《旧约圣经》中最高神的名称　9，12，14-

事 项 索 引

A

B

F

G

H

J

K

卡耐基和平基金会（Carnegie Endowment for International Peace）　7

康瓦尔克斯亚娜法（Lex Convalcosiana）　192，193

抗辩（exceptio）　71，78，79，164，167，201

可汗（Grancan）　40

L

莱尼亚诺（Legnano）　1，11，203

历代志下（2 Chronicles）　9

隶农（Ascripticii）　66，67

列王记下（2 Kings）　10

领主（Lord）　2，10，63，65-68，75，77，102，106，107，160，169

路加福音（Luke）　33，40，88

伦巴第（Lombardy）　2

伦巴第法（Lombard Law）　5，180，189，191-193，195，196，198，201-203

伦理学（Ethics）　45，47，48，53，55-57，60，184，187，188

论程式（De Forma）　63，65

论传唤法（De in ius vocando）　158

论服兵役（Quoniam Milites）　65

论竞赛（De torneamentis）（《格里高利九世教皇令集》［Decretale Gregorii IX］第 5 卷第 13 章）　188

论灵魂（De Anima）　27，28，30

论囚犯（De captivis）　22

M

N

P

Q

R

S

T

W

Z

图书在版编目（CIP）数据

论战争法/（意）莱尼亚诺的乔瓦尼著；黄家镇译 −上海：
上海三联书店，2018. 5
（海国图志丛书）
ISBN 978-7-5426-6068-8
Ⅰ．① 论… Ⅱ．①莱… ② 黄… Ⅲ．①战争法−研究 Ⅳ．①D995
中国版本图书馆CIP数据核字（2017）第198948号

Tractatus de bello, de represaliis et de duello
by Giovanni da Legnano

论战争法

著　　者 / ［意］莱尼亚诺的乔瓦尼
译　　者 / 黄家镇
责任编辑 / 陈启甸　陆雅敏
特约编辑 / 马健荣
装帧设计 / 王小阳工作室
监　　制 / 姚　军
责任校对 / 周广宏

出版发行 / 上海三联书店
　　　　　（201199）中国上海市闵行区都市路4855号2座10楼
邮购电话 / 021-22895557
印　　刷 / 上海望新印刷有限公司
版　　次 / 2018年5月第1版
印　　次 / 2018年5月第1次印刷
开　　本 / 890×1240 1/32
字　　数 / 176千字
印　　张 / 7.5
书　　号 / ISBN 978-7-5426-6068-8/D·367
定　　价 / 30. 00元

敬启读者，如发现本书有印装质量问题，请与印刷厂联系021-54975552